如何成为会赚钱的妈妈

王不烦

◎

著

中国友谊出版公司

图书在版编目（CIP）数据

如何成为会赚钱的妈妈 / 王不烦著 . -- 北京 : 中
国友谊出版公司 , 2023.4

ISBN 978-7-5057-5610-6

Ⅰ . ①如… Ⅱ . ①王… Ⅲ . ①女性 – 创业 – 通俗读物
Ⅳ . ① F241.4-49

中国版本图书馆 CIP 数据核字（2023）第 032392 号

书名	如何成为会赚钱的妈妈
作者	王不烦
出版	中国友谊出版公司
发行	中国友谊出版公司
经销	北京时代华语国际传媒股份有限公司　010-83670231
印刷	唐山富达印务有限公司
规格	880×1230 毫米　32 开
	8.5 印张　　132 千字
版次	2023 年 4 月第 1 版
印次	2023 年 4 月第 1 次印刷
书号	ISBN 978-7-5057-5610-6
定价	49.80 元
地址	北京市朝阳区西坝河南里 17 号楼
邮编	100028
电话	（010）64678009

自　序

孩童时期，懵懂中开始对"钱"有了思考

　　我出生在湖南的一个小城镇，每逢农历尾号二、六、九的日子，我们老家都会赶集。一到赶集的日子，周边村庄的人都会肩挑手提各种好吃的东西到集市来，成排摆开，开始喧嚣的一天。有的卖自家吃不完的白菜，有的卖山上摘来的竹笋和野果子，有人站着吆喝，也有人蹲着吸烟。接着，此起彼伏的讨价还价声把集市的氛围推向高潮。每当听到吆喝声我总是很兴奋，有时爸妈会大方地给我买上一份凉粉，端着边走边吃，冰

冰凉凉的还有一点甜，或者再加上一份糖油粑粑，粑粑的外皮被炸得焦焦脆脆，里面嫩乎乎还带着点豆沙的"肚皮"露了出来，我总顾不得烫嘴就先朝那儿咬上一口（请原谅我，写到吃的，总想多写几句）。

那个时候小小的我总是很惊讶于这样一件事情：为什么在这热闹和欢乐的日子里，有的人并不怎么快乐，他们会借机互相哭诉、吐槽，激动了还一起比画：

那个老头，你刚刚没看到他把钱紧紧攥在手里，生怕我拿到他一分钱……

我那个儿子哟，有啥出息，去广东打工几年了，一分钱没拿回来，我还得给他带崽……

我女儿现在自己都顾不上，还怎么顾得上我呢？所以说呀，女儿不能嫁得太远啊，没钱连跑个腿都不行……

这些对话中总有一个词高频出现，就是"钱"。

我似乎看到了一个现象：人们为了"钱"会焦虑、抱怨、不安。

在那段小城岁月里，关于金钱的思考开始在我小小的脑袋中渐渐滋长。

是的，我成了"快乐的有钱人"

2002 年，我从湖南小镇来到北京上大学，又穷又没见识。同学给我介绍了一份家教工作，为了表示感激，我请她吃肯德基，那是我人生第一次进肯德基，并且给她点了我能买得起的最贵的汉堡，可她咬了两口就不要了，因为她晚上还要去吃牛排。我当时失落极了。

于是我一次又一次地告诉自己，我这一辈子一定要成为一个富有的人，此生我绝对不要为钱所困。

后来，我开始回顾我的父亲与母亲的赚钱之路。

我的父亲很聪明，是恢复高考之后我们村的第一批大学生，师范学院毕业后回到了我们镇子里做老师。他教书三十几年，每天早上准点出门，下午准点回家，从不耽误一天。他善待每个学生和家长，尽职尽责，却从不愿意为了升职加薪去拍任何一个校长的马屁，也从不刻意去表达自己的功劳。

　　于是，我的父亲成了"铁打的下属"，领导换了好几届，可父亲的职位和他工资卡里每个月的进账一样，纹丝不动。在他眼里，每个月能拿点零花钱买买烟、打打牌，在小镇的日子过得就算体面又舒服了。

　　我的母亲和我的父亲完全相反，她是一个思维异常活跃的女性，致力于追求美好的生活。为了让我的父亲发展得更好，她热络地联系父亲的同事，邀请他们来家里吃饭，而她总是在厨房忙上忙下，还时不时跑出来和大家喝一杯，再替父亲美言几句。

　　因为父亲工资不高，母亲不甘心在家带娃，时常出去做点小生意，卖冰棒、卖菜。后来她在父亲的指导下学会了摄影，帮父亲学校的学生们拍毕业照。我母亲异常勤劳，经常白天出去走十几公里路去拍照，晚上回来冲洗照片，一个晚上也就睡两三个小时。慢慢地，母亲的各项收入总和逐渐超过了父亲的工资。人情来往、存款、建房子……一切都在母亲的张罗和精打细算中开展着。慢慢地，我家的日子好一点了，从父母结婚时的一穷二白，到可以供我和弟弟读书，后来我们家居然能在镇里建一所小小的房子——每次攒到一点钱，母亲就张罗着建一个房间。罗马不是一天建成的，我家也不是。

母亲一边全力以赴地努力着，一边也总忍不住抱怨父亲。母亲始终认为她一辈子的辛苦都归因于我父亲的"不作为"和"不上进"，所以他俩经常因为钱而争吵。这种情况直到晚年时期因为子女们的发达才慢慢好转。

父亲一生淡泊随性，母亲积极上进，这一度让我非常纠结和困惑，到底谁对谁错？彼时的我已进入职场，我又开始观察身边的很多人。我遗憾地发现，有些人面对交易时精于算计，但又时不时到寺庙烧香拜佛，颂扬慈悲为怀，甚至到各种禅修营学习打坐，大做慈善和公益活动，似乎只有这样，他们分裂的人生才能得到短暂的平衡。这种分裂感让我厌恶，我不得不去思考，还有没有其他的人生道路？

于是，我尝试去探寻更多的可能。升职加薪、做副业、投资、创业，每一次尝试我都无比专注，我努力让自己变得富有。与此同时，我从未停止思考什么才是更有爱的商业模式，我不相信商业的面目只是算计。与此同时，我吃斋念佛，研读国内外各种心理学著作，从未停止寻找内心的那份富足和宁静。

幸运的是，30岁出头的我已经身家过亿，拥有一个幸福的家庭，拥有一群共情又共财的朋友，一家经营得不错的公司，还有一些可自由支配的时间，时不时旅居大理，我终于成了梦想成为的"快乐的有钱人"。

成为一个富人，不难；成为一个快乐的穷人，也不难。但成为一个内心快乐丰盈的富人，在财富和快乐中找到平衡，比较难。

幸运的是，我找到了。

如果你跟着我的思路走到这里，那么恭喜你，你见证了一个从湖南小镇走出来的懵懂孩童，通过不断追求财富和内心的快乐，逐渐形成自己的财富信念并且成为一个小富婆的成长历程。

是的，从一个穷人家的孩子到内心富足的富人，我做到了。

想知道这一路我是如何升级打怪的，请往下看。

因为淋过雨，所以立志为 50 万妈妈撑起伞

2008 年，我在中国人民大学读了本科、硕士研究生之后，又选择了继续读博，之后受中国留学基金委资助，我到美国西北大学学习。这长达近 10 年的本、硕、博商科学习经历，让我

在商业上有了一些比普通人好一点点的理论基础。

2011 年，我参加工作，随后用 5 年的时间从普通员工做到了上市公司的高管，参与了两家公司从拟上市到上市的全流程，年薪达百万。我的年龄比同公司高管年轻 15 岁，老板总说我前途无量。直到我辞职那天，老板一边不理解，一边又说："这样的决策确实比较像你。"

2017 年，我机缘巧合投资了一家公司，这家公司逐步发展成为全网第一的女性自媒体公司。之后，我参与经营，用 7 个月把这家公司估值从 8 亿元做到 20 亿元，后因经营理念不合，我抽身离开。

2018 年，两家大公司向我抛来橄榄枝，条件是 400 万元年薪加价值 1 亿元的期权，但因不甘心"人生只是上班"，我拒绝了看似完美的工作机会。

2019 年，由于商业理论加实战的成果都不错，我有幸到长江商学院、中山大学 EMBA 班多次分享我的商业认知；之后，我的线上音频课程"王不烦的实用管理学"一夜爆红，很多人因为这门课程慕名来找我。那时，我总在想，我何德何能啊，心中惴惴不安，生怕自己就沉沦在这名声在外的光环里。

这 10 年的时间里，一切看似很光鲜，而光鲜背后，我从未停止寻找……

直到有一次，我办了一场下午茶活动，现场来了很多妈妈，甚至有人专门坐飞机从外地过来。很多人分享了她们成为妈妈之后的不容易，突然，我也想起了我在成为妈妈之后的很多无助时刻，那些我从不敢对外谈起的时刻（怕影响我专业权威的形象……），就是在那一天，我生平第一次在公众场合泣不成声。

孩子出生后，我陷入产后抑郁，动不动就哭、闹，甚至一度拿刀对着我老公，脆弱和暴躁轮番折磨着我，让我活成了最窒息的样子。

我抱怨老公不关心我，他一上班我就长篇大段给他发微信闹离婚，每天他一回家就跟他大吵特吵，导致他完全没心思上班，最后差点被老板开除。

我女儿 9 个多月的时候，被查出发育性髋关节脱位，也就是说，可能以后会成为"瘸子"。我冲出就诊室躲到医院的一个角落，眼泪流个不停，我一边愧疚我不是一个好妈妈，又一边委屈，觉得我的家人都是坏人，他们没有帮到我。

改变女人人生轨迹的不是结婚，而是生孩子。那一天的下午茶，我哭成了泪人，那是我人生第一次当着一群人的面哭（想想我从小就是个"钢铁女侠"，长大了可是职场精英呀，哪能在人前暴露自己的脆弱）。

人们常说，帮助别人就是帮助过去的自己。我自己淋过雨，所以看着这些妈妈们，我就想给她们一把伞。那一刻我在想：如果我自己的遗憾已成事实，也许我可以让我的遗憾成为其他妈妈们的幸运。不就是一个人太难吗？我帮你扛！不就是没有钱吗？我教你赚！何况碰巧这些我也擅长。

与其研究商业理论，发几篇国际论文，与其帮几个企业做咨询，帮助它们营收过亿元，甚至估值几十亿元，都不如静下心来帮助几个妈妈，让一个普通妈妈一个月多赚几千元、几万元，一年多赚几十万元，最好能过百万元，能让一个普通的家庭变得更好，这样不是更有价值吗？这种脚踏实地的感觉让我极其兴奋，我知道，让我兴奋的绝不是一个个数字，而是一个个灵动的生命。如果有成千上万的生命和家庭因我而变得不同，那该多棒！那一刻，我心安了，我觉得自己完整了，我不想再寻找，我想停下来，安心地做好这一件事情，就这一件事情，足矣。

妈妈安，则天下安；妈妈富，则天下富；妈妈不烦，则天下无烦恼。

这个想法出现之后，我就果断决定创业了。

2019年年底，我冲破万般阻挠创立了"妈妈不烦"，立志搭建全球女性最具影响力的妈妈内容和社交平台，用"妈妈最懂妈妈，妈妈帮助妈妈"的理念帮助天下妈妈实现自我价值和美好生活。当然，加入"妈妈不烦"的第一阶段就是学商业，好的商业教育不是引发人们盲目追求一夜暴富，而是让妈妈们扎实地学会一套科学、可复制的商业方法论，包括个人商业模式的设计、落地与执行。这些都是我在商业课程中学过的、企业实战中应用的商业思维，无非是用我接地气的语言给妈妈们讲一遍，并且搭建一个有爱的团队陪伴她们落地与执行。

对于妈妈这个群体，我倾尽所学试图寻找适合她们在家就可以赚钱的模式，我寻找适合妈妈个体创业的方式，不是传统的微商，不用囤货，而是扎实地用自己的商业头脑设计自己的产品，或者识别好的项目，获取用户完成销售，建立她们的个人品牌，用她们能够听得懂的话语和她们能够学得会的方式教给她们尽可能多的赚钱方法。我深知，每位妈妈多一个赚钱的门路，每个家庭就多一分生机。

未来，我希望助力她们成为一个又一个中国女性企业家，也希望更多有影响力的商业领袖、各行各业的商业领军人物从这些普通妈妈中走出来。当然，这一切的背后，绝对不是追求简单的金钱数字，而是看到她们活得有底气、有尊严，成为她们孩子的人生榜样，有机会成为中国社会经济创造中重要的一分子。

幸运的是，"妈妈不烦"成立到目前为止，累积辅导的女性学员近50万人，课程播放人次超1000万次。我一个人肯定教不完所有的妈妈，这50万人背后是一双又一双女性的手，你推着我，我拉着你：今天老王教会了我，明天我去教会我的闺蜜……因为我们心里都记着：妈妈最懂妈妈，妈妈帮助妈妈。

人不是生而伟大，而是做了伟大的事情而伟大。

我要做"妈妈不烦"一辈子

由于我在商业上积累了理论和实战成果，加之"妈妈不烦"持续取得的好成绩，越来越多的学员朋友希望我写一本可复制的帮助女性创富的书，之前我一直回避，总觉得我做得还不够好。直到 2021 年一件事情的发生，我动心了，我下定决心要写一本书，哪怕这本书不够完美我也要写。

那一天我去上海讲课，一名学员在酒店大堂看到了我，她特别兴奋地向我跑来："老王，老王……"她从包里小心翼翼地拿出一个本子，说："老王，你可不可以在扉页上给我签个名？"我看着眼前这个手抄本子，正想感叹现如今还有人愿意手写笔记，太难得了，接着，她的解释让我非常感动。原来，她把我课程中讲到的观点全部手抄做成了这个本子，她说，这个本子她总是随身带着，每每有难处她就会打开这个本子读一读，再想一想，人生就有了继续前行的力量。

那一瞬间，一股暖流从心底涌向眼睛，身边的事物渐渐模糊了。我给那个本子拍了张照片，我要把它存在心里。

回到房间，我突然心生内疚：就因为自己的那点顾虑，却拒绝做这件于妈妈们有益的事情，实在不应该。于是，我决心开始写书，哪怕不够完美，我也要写。

借这个机会，我深入地回顾、思考、复盘和总结了过去多年的方法论。交稿那一刻，我抚摸着书稿，心里久久不能平静，闭上眼睛，脑海里闪过一帧帧画面：面对妈妈群体，我前后开了200多场直播，采访了100多位女性，做了120多次调研和梳理工作，搜索了上百个素材库，用了一年多时间才把素材收集完，用3个多月时间打磨十几遍文字，现在终于成稿了。

在这本书里，我把过往所有的经历，和教过的千千万万个妈妈赚钱路上经常遇到的问题，都浓缩成文字，给出了几乎适用于每个女性的商业技能方案。还针对不同类型妈妈的特征，分享了适合她们的创富思维模型和实战经验。这么说吧，只要你的收入比我少点，这本书都非常适合你。不敢说完美，只是有一个愿望：希望能帮到你一点点，让你少走一点点弯路就好。如果你通过阅读和践行这本书的理念方法而取得了好成绩，记得一定要跟我分享这个好消息（我的视频号：王不烦来了）；如果你读完觉得这本书特别有价值，请把它推荐给你最在乎的闺蜜，愿你们有机会共情又共财。

2020年6月，我和我的好友——十点读书创始人林少吃饭时，他问我："你已经创立'妈妈不烦'半年了，你确定这是你一生要做的事情？"我说："确定。"他说："送你四个字——一生悬命。"一生悬命，即一生只做一件事。

创立"妈妈不烦"不久，我就能强烈感受：此时此刻，这件事非我莫属。世上有很多比我有商业头脑的人，但绝大多数不愿意深耕妈妈这个人群，毕竟这个人群会有些生活上的是是非非，处理问题的难度也大；而其他人又没有足够的商业智慧来完成此事。我想，也许这件事情就注定该交给我来做。不管了，那就先做起来吧。能做多久，就做多久，当然最好能做一辈子。等我离开这个世界，如果我的墓碑上可以刻上这样一句话：这个人曾经帮助过上千万的妈妈，如此，我便知足。

是的，我要做"妈妈不烦"一辈子。

目　录

第一章　哪些财富卡点阻碍了你赚钱

第二章　出发前，先种下正确的财富种子

第三章 重启：管理你的能量，而非时间

第四章 加速：行动起来吧，女人们

第五章　飞跃：如何做出自己的品牌

第六章　与其单打独斗，不如借力前行

第七章　让家人主动成就你

第八章　主动构造"她时代"，让我们彼此成就

第一章

哪些财富卡点阻碍了你赚钱

第一节 看看你有哪些财富卡点

请你带着这些问题阅读：

1. 提到赚钱，你的第一反应是什么？

2. 这个反应，如何影响了你现在的财务情况？

3. 如果清理了自己的财富卡点，会对你赚钱有什么帮助？

我从小长在母亲身边，跟着她一起做过很多赚钱的活儿，夏天去学校门口卖冰棒，冬天到集市上卖木头烧制成的炭，一大早就把一背篓一背篓的东西往集市里背，晚上再把空背篓背回家。每次到家后，母亲就会从荷包里掏出所有的钱撒在床上，我们俩一张一张将平、叠在一起，数了又数，还互相核对对方手里的数目……至今都忘不了数钱的欣喜。我和母亲像大主管一样分配和统筹着数钱任务，游刃有余中透着股指点江山的豪气。从小我就知道赚钱有多么重要，家里有一个会赚钱的妈妈是一件多么让人心安的事情。

后来因为创办"妈妈不烦"，我接触到了很多母亲，她们不断告诉我学东西就是为了能赚到钱、没有钱的生活太难堪……我总是时不时为她们和她们的孩子担心。

有人跟我说：

有一天，我母亲突然生病了，而且病得有点严重，治疗需要一大笔费用。这时候我发现，家里的亲戚们开始躲着我，就怕我找他们借钱，我不得不四处奔走凑钱，不断碰壁，尝尽人情冷暖。我看了看自己卡上的余额，真的再多一点的钱都掏不出来了。

有人跟我说：

有一天，孩子放学回家看起来闷闷不乐，我问孩子怎么了，她仰起天真的脸跟我说："妈妈，我们班同学暑假爸爸妈妈都带他们去外面旅游了，我好羡慕噢，为什么我们家从来不去旅游呢？"我突然发现，随着孩子的长大，我的穷已经无法掩饰了。

有人跟我说：

做了全职妈妈之后，想要多给孩子报个自己觉得对他成长非常有帮助的辅导班，跟老公商量的时候，他却皱起了眉头："前几天不是刚给过你钱吗？怎么又要？怎么花钱就这么大手大脚的？"我才意识到，没有收入，总觉得底气不足。

当我慢慢走近妈妈群体，我越来越深刻地认识到：赚钱重要，让妈妈们赚到钱更重要。做妈妈本就很难，做一个既会照顾家庭又能赚钱的妈妈难上加难。很多妈妈在赚钱这个事情上一直在走弯路，学了很多：家庭教育、心理学、会计……也干了很多：咖啡厅、甜品店、花店、书店……可最终能真正赚到钱的，又能有几个？

后来，我开始用给企业做咨询的经验帮助身边的妈妈赚钱，教她们识别好的项目，帮助她们构建自己的商业模式、设计产品、获取用户、销售等，发现妈妈们缺什么我就教什么……但是，我却发现一个矛盾的现象：很多人学会了方法，她们也很渴望增加收入，可是真正开始实践的时候她们总是顾虑重重、犹豫不前。

到底是什么卡住了她们呢？于是，我深度采访了很多妈妈，发现了一个有趣的现象：很多人的财富思维已经固化了，她们的内心深处并不真正认可财富的价值和意义。这点是真的。每个人都需要金钱，但不是每个人都爱钱，不是每个人都发自内心地渴望去创造更多财富。她们或是害怕财富，或是厌恶财富，或是恐惧这个奋斗的过程。总之，她们似乎自带财富卡点，而很多人并不自知自己自带卡点。这些卡点或是在她们小时候被种植的，或是在成长过程中被误导的，牢牢地绑住了她们，让她们限制自我、难以突破。

所有外在呈现，都是我们内在认知的投射。拥有财富是一种外在呈现，是内在的原因结出的果，我们要从内在去解决财富信念的问题。

人们对财富的限制性意识往往都是不自知的。俗话说，一方水土养育一方人，正是由于我们一出生就在这个环境，不仅是家庭、家族，还包括大家所处的地域，都可能使人存在"集体意识障碍"。这些限制性意识就像出厂设置一样，在我们不知情或者未同意的情况下就装载在我们脑子里。如果我们一辈子都没有去过其他地方，没有看过别人不同的活法、跟别人就某些话题有过深刻的交谈；我们会认为所生活的地方就是世界的全部，所看到的选择就是全部选择，父母老师跟我们说的观点就是真理。深陷其中的我们是没有能力去思考、推敲、质疑，甚至推翻这些的。这些限制性意识深植于我们的潜意识，它们不断生根发芽，阻碍着我们对外在财富获取的意愿。

如果没有见过千百种人生，就无法真正看清自己脚下的路。这两节，我梳理了我观察到的几种财富卡点，看看你是否也曾被这些卡点困扰过？

误区一　大富大贵就会大起大落

我的团队里有位女孩叫小天，她聪明且富有才华，名校毕业且曾经在知名的互联网公司任要职。有一次和她聊起财富密码的话题，她的想法顿时让我来了兴趣。原来小天还有位名牌大学毕业的博士生妹妹，她们姐妹俩都有一个困惑，那就是：学这一身本领该用来做什么？去赚钱，心里并不情愿，甚至害怕赚太多的钱，可是不去工作，这一肚子学问难道白学了？

我非常惊讶地追问："你为什么会害怕获得财富呢？"

在交谈中，我们一起渐渐厘清了原因：原来她奶奶的父亲当年在村子里面算是富甲一方，但正是这个"地主"的身份，给他们家族带来了很多麻烦和痛苦。从此以后，他们家人一直觉得"钱是万恶之源"，大富大贵容易大起大落，身边发生的一切都正在或终将验证"财富带来的未必是好事"这个祖训。慢慢地，家人就不再鼓励后代去追求和拥有更多的财富了。

当小天讲到自己的故事时，我想起了曾经叱咤商界的首富锒铛入狱后，全国上下铺天盖地的那片嘘唏声："看吧，有钱人没几个有好下场""我就说早晚会有这一天，太有钱必会有大灾难"……很多人自认为站在了智慧的一方，用悲观的心态把拥有财富和灾难的降临建立起关联，甚至视金钱为万恶之源，呼吁人们远离财富，平平淡淡才是真。

如同古希腊的戏剧家索福克勒斯在他那部有名的《安提戈涅》中对金钱诅咒道："人间再没有像金钱这样坏的东西到处流窜。这东西可以使城邦毁灭，使人被赶出家乡，把善良人教坏，使他们走上邪路做出可耻的事。甚至叫人为非作歹，犯下种种罪行。"可事实上，金钱哪分善恶，是操纵金钱的人心分善恶罢了。世界上从来没有一种制裁金钱的法律，没有一个关押金钱的监狱。

追求财富的过程，会激发你的天赋还是扭曲你的天赋？在这个过程中，你看到了一个更真实的世界，还是一个更虚伪的世界？你变成了一个更有智慧的自己，还是更差的自己？答案无疑都是正面的。

我希望通过自己的经历跟你们分享一个观点：财富是人生中特别好的研究课题，研究好这个课题，每一位女性都能变成最好的自己。

一个女人在追求财富的过程中，需要学技能、懂谈判、有智商、有情商，需要有目标意识、有时间管理与计划能力，需要懂沟通、会协作，还需要做能量管理，不被情绪掌控，懂得通过情绪发挥正面影响力……这些都是提升能力和获取结果的关键点，也是实现个人成长的过程。

在小说《道林·格雷的画像》中，作者王尔德风趣地写道："在我年轻的时候，曾经以为金钱是世界上最重要的东西，现在我老了，才发现确实如此。"我们永远都不该因噎废食，因历史上自己家族的故事等对财富心生畏惧，让其成为我们追求财富路上的卡点。

误区二　太多财富会让家庭分崩离析

我有一个很会赚钱的朋友，他曾经是某电商公司的CEO，一年为这家公司赚了2亿多元。他手握流量密码，又协助运营着另一家自媒体公司。他出过书，年销量过万册；他开过课程，两天赚到学费几万元……几乎他协助运营的每一家公司，都能赚到钱。

军人家庭出身的他还非常自律，每天5点钟起床运动，工作到深夜1点，一天只睡4个小时仍然精力旺盛。他平时还会陪家人一起爬山、做家务，朋友圈里总是妻儿的照片，把家庭关系处理得很好。

当他决定创业时，所有人都认为他一定能够赚大钱。不承想，各方面条件如此优越的他连续四五年都没有取得好的成果。

于是我们都在讨论他到底哪里出现了问题。在一次财富等级的冥想后，深植他内心的症结最终浮出了水面。

他说："当我想到如果我拥有 1000 万元，我是能看到画面的。我完全能够把一切都规划得很好，可一想到我要是有5000 万元，我就害怕了。我要是有那么多的钱，我的两个儿子还能用心读书吗？变成'废材'怎么办？我的老婆也不会像现在这样贤惠地照顾家庭和孩子了，老公都有那么多钱了，她肯定会只顾个人享受，沉迷名利，变成我不喜欢的那种女人，最后和我分这 5000 万元……我的家庭不得分崩离析啊，那样我几乎失去一切！"

你看，没有人会想到他竟然在财富等级上出现卡点，5000万元成了他的天花板，这就解释了为何他自己做公司如此坎坷。

"那是不是你的家庭中关于财富的观念有问题？"我接着问。

原来，身为军人的父母从小就对他各方面严格要求，还教育他"不要把钱看得太重，不要把路走偏"，长大后他赚到了比同龄人多的钱时，他的爸妈还经常拿有钱人家兄弟反目、妻离子散的负面案例来敲打他。

著名"家庭治疗大师"萨提亚曾说："一个人和他的原生家庭有着千丝万缕的联系，这种联系将会影响人一生。"果然，每个人的每个观念的形成，都可以追溯到原生家庭。

通常，少部分知识分子的家庭，或者是道德感和价值感比较高的家庭，会有一些无意识的信念，认为钱是比较低下的，是会让人羞耻的，所以这些家庭出身的人，更可能对钱抱持这种无意识态度，财富在他们眼里不是朋友，甚至是敌人。而这就悄然成了他们的财富卡点。

可是环顾四周，有钱的家庭真的会分崩离析吗？富二代就一定会堕落吗？

"拼多多"的创始人黄峥说，他从董事长位置上退下来后，回去做了农业科研。即使成不了科学家，但也许有机会成为未来的科学家的助理。财富可以让他探索更有意义的人生。

于我而言，我30岁出头完成的财富积累，足够让我的父母、公婆住在同一个小区，这样周末就可以一次探望4个老人。我还可以带他们去大理避暑，可以轻松解决他们的养老、医疗等问题。我的女儿朵拉呢，比我儿时幸运太多，她可以上我小时候都不敢想也不会去想的画画、跳舞、钢琴课，她可以选择去做任何她喜欢的、有意义的事，我也有信心让她无须为了钱财去做任何出卖时间和尊严的工作或事情。这何尝不是一种借力财富而带来的幸福生活呢？

误区三　当女人有了钱，男人会不开心的

在我的视频号"王不烦来了"直播间里，我和大家互动时，还发现很多女性对财富有着根深蒂固的恐惧感，那就是"担心自己有钱了，老公会不开心的"。甚至有时会收敛自己的锋芒，担心自己的强大会引发老公的自卑，于是在很多时候主动或被迫放弃了提升自我价值的机会。

关于这一点，以下三个场景你们来看看有没有很熟悉：

"我去婚介所，红娘说要弱化我有房这个事实，不然男生会有压力……朋友们也说他们身边的男生不敢介绍给我，因为他们的工资都比我低……赚那么多钱干什么，现在连对象都找不到了。"

"我妈经常说嫁汉嫁汉，穿衣吃饭。所以我老公赚多少我就花多少，我不会总想着自己赚钱，赚钱是男人的事情，女人带好孩子就好了。"

"但凡我们家的事情我主动决定多一些，我老公就觉得我强势。我想跟他分享别人赚钱有多厉害、我们也要更优秀之类的，他都觉得我是在针对他，好像我变优秀是一件让他有压力的事情，也许我不应该那么上进。"

一看就知道这些观念是有问题的，对不对？但现实生活中，很多夫妻正在以这样的方式相处，很多女性正在面临着"高收入如何保持低调"的问题。曾经有一个学员告诉我，她上了商业课后，直播带货赚了 30 万元，但她不敢告诉她先生，怕她先生有压力。

现如今，女性的强大，确实正在引发一些男性对自己性别角色的深度思考。正如沃伦·法雷尔在《男孩危机》中概括的：

过往的男性，靠体力优势和男权框架取得社会地位和自信，通过男主外女主内搭建稳定的家庭。但是，全球化带来的产业转移，体力劳动被机器人取代，女性主义的兴起又让被捆绑已久的女性不断挑战男权主导的结构。越来越多女性在职场上实现自我，于是女性成为智慧的母亲，家庭和职场左右开弓，男性则失去职业优势，在家中也笨手笨脚。从思想意识上，越来越多的女性挣脱了性别刻板印象的束缚，而大部分男性依然活在曾经的性别框架中。想法和现实的落差，让男孩的成长充满挫败和压抑。

女性读到这段话可能会拍手叫好，看，我们女性太能干了。我认为，不正当的男权主义不仅是对女性的歧视，于男性而言，这也何尝不是一种捆绑、压迫和剥夺呢？一个学员说，她的先生在家突然晕倒，被送医院后诊断为"重度抑郁症"。深究之后她才知道，原来他因公司业绩不好，终日担心中年失业，失眠竟长达一年多时间，却从未告诉创业失败的她。看似家中风平浪静，其实是她的先生在负重前行。

性别平等不是简单地让女性敢于追求自我，而是要大胆地接受男性地位重新定义的可能性。女性可以出门赚钱，男性也可以适当回归家庭，性别平等应该是对男女两性的解放。

当女性得以独立、男性得以松绑，当我们无论男女都不再被简单粗暴地要求扮演某一种固化的社会形象，都不再为永远无法完美达到某种特定的社会角色期待而痛苦和自责时，我们就都是这场运动的赢家。解放女性，解放男性，本就是同一件事情，都是否认和砸碎"性别"这个个体枷锁。

愿每个读到这里的女性都可以对自己道一句："追求自我价值，与性别无关。"无论是男性还是女性，我们都应该勇于追求真实的自己，成为自己想成为的样子。

误区四　财富与才华不可兼得

一些有才华的人觉得凡事谈钱就伤了自己的那份"高雅"，就不"纯粹"了。在他们看来，放弃财富守住自己专业或者爱好底线的品格，是一种至高无上的、有节操的人的作风，他们的潜意识也时常在帮助他们保持这样的品格。比如一旦为了金钱去做自己的产品、去销售，就感觉变味了，因此他们宁可放弃一些可以提升销量的合作机会，以避免自己庸俗化。万一"不幸"赚到了钱，甚至会难以心安，还搞什么扩大经营，赶紧把钱捐出去。

我身边就有一位这样的专业人士。

她是一位非常优秀的瑜伽教练，早在十几年前就登上了纽约时代广场上的纳斯达克大屏，登上"世界第一屏"代表的意义已经远远超出商业层面，是无数人梦寐以求的荣耀。但就是这样水平的瑜伽教练，她的收入却远没有我们所想象的那样光鲜。因为但凡说到钱，她总是有点不好意思。不仅仅是她，很多瑜伽老师都是如此。

曾经我建议她把瑜伽课程线上化，她和她的先生对此忧心忡忡，他们担心瑜伽的专业属性会被弱化，还担心大规模地宣传会失去瑜伽专业的纯粹性，总想等到真正桃李满天下再开始商业化运作。

听他俩一番解释后我急得不行。经过我帮他们透彻的分析——从商业思维到营销手段，从品牌到商业模式，各个角度绞尽脑汁轮番建议后，他们终于走到了线上，开始做直播、拍短视频，大量地曝光和经营个人品牌，终于，她的影响力和财富也与日俱增。

后来，她在我的课堂上说了这样一句话："只要能让瑜伽帮助到更多的人，就是我应该做的事情，而赚钱只是顺便的。"我深知她改变了。

　　罗素有句话我很喜欢，他说："三种质朴但强烈的情感主宰着我的一生，那就是对于爱的渴望、对于知识的追求，以及对于人类的苦难难以遏制的怜悯。"

　　如果一个人拥有才华，却只用来孤芳自赏，从未用于解决人类大众的疾苦、传递爱和知识，这是不是对自己才华的一种浪费呢？当你把才华用在需要且适合的地方，那你可能会帮助到更多的人，给更多人带来机会，也能让自己拥有越来越丰盛的人生。

本节小结

　　1.能不能赚钱首先是由人内在的信念决定的，但这往往是无意识的。

　　2.在学习赚钱的技术之前，要先觉察自己是否有财富卡点。

　　3.如果发现自己有财富卡点，那么就去觉察并扭转它。

测一测：你对金钱和财富是什么看法？

1. 请评估一下你对于金钱的看法。在下面勾选出适合你的情况的句子。

□ 金钱使人幸福

□ 金钱散发铜臭味

□ 我花钱如流水

□ 金钱败坏人性

□ 我得到金钱，就有人失去金钱

□ 冷酷无情才能得到很多的钱

□ 金钱使人目空一切、骄傲自大

□ 只有存钱，才能变得富有

□ 穷人才能进天堂

□ 金钱是衡量我成功与否的标尺

□ 富有使我失去很多生活乐趣

□ 金钱使人感觉舒适

□ 金钱给人力量

□ 有钱人都很孤独

□ 有钱人没有真正的朋友

☐ 钱生不带来死不带去

☐ 金钱的获得是以牺牲健康为代价的

☐ 我安于现状

☐ 如果我愿意，我也能变得富有，但是我不想这么做

☐ 一切都是命中注定的

☐ 贫穷是可悲的、失败的

☐ 知足者常乐

☐ 努力、辛苦、牺牲才能赚到很多钱

☐ 男人有钱就变坏，女人变坏就有钱

☐ 有钱是危险的

☐ 把钱花在别人身上，比花在自己身上更容易

☐ 对别人开口要钱是不可以的

☐ 有钱就要牢牢抓住

☐ 有钱就要赶紧花掉

☐ 太多钱会使我堕落

☐ 我和财富是好朋友，我们彼此吸引

2. 请在横线上写下你所勾选的选项对应的原因：你为什么会这么想？你认为你的看法是正面的还是负面的？它们阻碍了你追求财富还是帮助了你追求财富？

例如：1. 金钱使人幸福。因为小时候我们家每赚到一些钱，爸爸和妈妈就会往家里添置一些新家具和别人家还没有的电器，还给我们家建了一栋每个人都有独立房间的房子，金钱使我们家物质条件越来越好，我们的生活也越来越幸福。我认为我的看法是正面的，并且这种财富信念使我在追求财富的路上比其他人更积极，更有动力，获得的成果比别人更大。—————————

—————————————————————————————————————

—————————————————————————————————————

扫码关注微信公众号 "王不烦来了"，回复"财富卡点"即可获得电子版"财富卡点测评表"及对应财富卡点解析。

第二节　不赚钱的几类人里，你是哪一类

请你带着这些问题阅读：

1. 结合自己的经历，想想自己属于哪种类型的人？

2. 什么样的财富观导致了自己成为目前的财富类型？

3. 如果属于以下不赚钱的类型，怎么做有助于自己赚钱呢？

前面我讲的是很多女性在追求财富路上存在的几大误区，除了这些财富卡点之外，还有一种很重要且最普遍的问题在阻碍着人们获得成果，那就是对财富的目标感。

不知道你有没有发现，身边的人对追求财富的目标感有很大的区别？

有人慢慢悠悠的，觉得是自己的终究是自己的，不是自己的争取也争取不来，什么目标、计划，都跟自己没有关系，还不如躺平。有人觉得能否赚钱取决于外部因素，于是总在等待

一个好商机、好的合作伙伴、好的投资机会，等来等去，却发现想要的迟迟不来，最后也就只能躺平了。

当然，也有人善于给自己制定目标和计划，并拆解目标一步步完成计划，做任何事情都基于自己的一套方法——实现自己每个阶段的目标，最终成了人生赢家。

这两种人的区别就在于目标感强弱。目标感强的人在赚钱这件事情上取得的成绩都不会太差，而没有目标感的人往往很难赚到钱。如果你认为自己是目标感不强的人，下面我将详细分析典型缺少目标感的几大类型，不妨看看你属于哪一类。

1. 随遇而安型

这种类型的人不太主动追求财富，他们通常会认为有钱没钱都看命，这辈子能挣多少钱，主要取决于天命。或者说，他们会认为有钱没钱日子都可以过，拥有财富不是生活幸福的一个必要条件。有位富翁曾说："我一直让自己的收入满足自己的需要，相反，许多人喜欢调整需要来适应收入。"随遇而安型刚好属于后者。如果你问他："你能赚 1000 万元吗？"他说：

"万一运气好也可以的。"你问他："你就只能挣 100 万元吗？"他说："运气不好，算了，就这样吧。"

我见过很多这种类型的人，其中这位男生比较典型，我们暂且称他为"通灵王"吧（因为他最喜欢看这部动漫了）。

"通灵王"天资很好，小时候学习成绩名列前茅，可他却从不把成绩放在心上，考试不及格也无所谓（主要是因为他有一对"心很大"的爸妈）。有一次，一个女同学指着他 69 分的卷子嘲笑："咦，还说你聪明，你的物理也不怎么样嘛！"自那以后，他没让物理低过 90 分。

他数学成绩也特别好，每次都会被选中参加奥数比赛，但令老师纳闷儿的是：参加那么多比赛怎么也没拿几次名次呢？原来，他只兴奋于跟高手过招，觉得结果不重要。

从某名校毕业后他顺利进入国企工作。有位师兄拉拢他一起创业，他想都没想辞了国企的工作就去了。干了一年，工资只发了 1000 元他也没意见。三四年后，公司垮了。之后又有朋友拉拢他二次创业，没几年公司经营出现问题又破产了。

在意气风发的年龄连连受挫，旁人都替他高才生的身份感到惋惜。然而，他可没觉得自己惨，钱没赚到啥也不耽误，不仅结了婚，孩子还生了俩，该吃就吃该喝就喝，买不起房就租房，有多少钱就过什么样的日子。

他就像一只漂在河上的船，若是遇到激流，那就扬帆乘浪而下，若是流到平缓的地带，他就静静待在某个角落，随遇而安。

他回忆起从小爸妈对他的教育，打了这么个比方："他们就跟动漫《疯狂动物城》里的兔爸、兔妈那样，认为卖胡萝卜也可以改变世界。"

对于小时候喜欢看的动画片《通灵王》，他就记住了一句话"船到桥头自然直"。他不争不抢，觉得一切皆有定数。

这类人身上最明显的特质就是没有目标和野心、随遇而安，调动不了热情和动力，因为目标能够促进行动，没有目标驱动，人自然很难有行动。被动等待的人生就只能靠运气取胜，但运气不总是会到来。与其被动等待，不如主动争取，主动的人生才更有力量。

2.财富绝缘体型

这种类型的人总觉得自己运气很差，他们不是在可怜自己，就是在抱怨他人。人偶尔失落是非常正常的，但是财富绝缘体型的人不是一时的失落，而是一世的失落，似乎他们走到哪里都是失败的。他们坚信，做任何事情都是别人不给力、不配合等导致了自己的失败。我有一位表哥就是财富绝缘体型的典型代表，我眼睁睁地看着他荒废了大半辈子。

我的表哥长得很帅，能言善道，待人接物也很大方，小时候总是被我的家人夸赞："长大肯定会有大出息，是个做老板的料。"

他学习成绩不好，很早就去广东打工赚钱。因为颜值与口才加持，很快就得到了一份这样的工作——给广东本地的一个老板开车。就在大家以为他跟着大老板干肯定会有大好前途时，他却放弃了这份美差。因为他觉得老板分钱不大方就愤愤离开了，此后逢人就说广东的老板有多小气。

巧合的是，在多年后的一次闲谈中，他发现曾经在广东认识的一个朋友赚到了大钱，打听后才知道：这个朋友当初在和我表哥闲聊的过程中,得知广东大老板赚钱的方法就用心记下,后来自己开了个工厂,赚到了人生第一桶金。在那个摆个地摊都能赚到钱的 20 世纪 90 年代,很多人乘着改革开放的经济浪潮,在广东赚得盆满钵满。而我表哥只是用抱怨终结了这一段离财富最近的经历。

从广东回老家后,表哥娶了一个厨艺非常好还很勤快的老婆。他们拿出所有积蓄开了一家餐厅,不幸的是餐厅最后倒闭了,积蓄也全赔了进去。有人问起他,他只会怪周边来店的食客都太抠门,给不了太多的钱,又总是要大分量的饭菜,却没想过是自己选址有问题、成本核算能力不够、餐厅定位不清晰等原因。

后来吧,他找了份保安的工作,执勤的时候睡觉被保安队长发现,被开除了。按他的话说:"都怪那天运气太差,队长也太不讲情面,就这么把我开掉了。"儿子不爱读书,早早地也出来打工,对此他总是非常生气,抱怨儿子不懂事,可他忘了自己一直沉迷于牌桌,从未好好辅导过孩子一次家庭作业。

他真的是财富绝缘的"高手",每次对生活的抱怨背后,我都能看得到他的不作为。

表哥这类人在通往财富的路上就像是"潜意识溺水",抱怨、吐槽是他们的生活常态，他们总是活在溺水中，并未发现自己从未认真对待过财富，只是认为人生不幸，都是别人的过错导致的，从来不会理性复盘，做任何事情都很难赚到钱，好像天生与财富绝缘。

3. 不断尝鲜型

这类人也可以称为"弄潮儿"，他们在赚钱的路上最明显的特质就是目标不连续。他们会做很多新鲜的尝试，每次你见到他们的时候，他们都会神采奕奕地告诉你自己现在做的是一个多么好的事情，感觉他们马上就要挣到大钱了，可过段时间你会发现这事儿已经翻篇儿了。

他们总是急于学习各种新技巧，捕捉各种新风口，打听各种新消息，每个时间点看到他们，他们都干劲十足、充满了希望，但就是没有挣到钱，就像一个"弄潮儿"，也像一个永远在浪尖上的冲浪者，最终回到了家却总是两手空空。

我在人大读研究生的时候，一个很要好的朋友讲了她弟弟的故事，他简直就是这个财富类型的典型代表。

她弟弟在大二那年迷上了写小说，据说为了实现"小说梦"，他不上课、不参加考试，甚至拒绝跟同学来往，就怕耽误时间。结果小说写到一半时难产，最后无疾而终。

后来，他又迷恋上汽车，无心学习的他干脆从大学退了学，在家里的安排下去了 4S 店学汽车保养。刚开始他很兴奋，立志一定要开一家自己的 4S 店，要买下那些豪车。坚持了不到一年，觉得日复一日的工作跟他想的完全不同，很没趣又不赚钱，他又果断离开了。

从 4S 店出来后，看到有人做淘宝店赚了钱，又一头扎进电商里。自己开了个店铺，想要卖自己用一些零件拼接成的工艺汽车、动物等小物件。可因为手艺不精，品质得不到保障，买过一次的人都不会再买第二次了，又因为不会做广告，店铺疏于管理，这事儿也就慢慢黄了。

再后来几乎就是每半年，甚至不到三个月就换一份工作，干得开心就干久一点，不开心就不干。

现在的他，32 岁，看似尝试过很多事情，实则却一事无成，最终沦为一个最普通的工人。

了解了这个财富类型，请你细心观察身边的人，当然也包括你自己：你是不是善于雄心勃勃地树立目标？是不是善于制订充满希望的计划？而这些目标和计划总是稀里糊涂地被新目标和新计划代替？

高瓴创始人张磊先生在《价值》一书中写道："于个人而言，长期主义是一种清醒，帮助人们建立理性的认知框架，不受短期诱惑和繁杂噪声的影响。"当然，弄潮儿往往不能意识到，自己身上存在的问题就是没有连续性的目标、不够专注、缺乏长期主义，甚至他们会以总能了解最时尚的资讯而感到骄傲。

以上三类人的共同问题正是缺乏财富目标感，随遇而安型觉得自己人生不需要目标；财富绝缘型认为自己的目标实现不了都是别人造成的；而弄潮儿则没有连续的目标，每个目标都只是图一时之快。而真正可以创造财富的人则是一个长期主义者，有连续的目标，不求一夜暴富，但主动追求的每一步都有成果，且他们会无比忠诚于自己的目标，说一不二，说到做到。

如果你不幸身在其中，请思考：如何调整自己的财富观才能改变现状。如果你不属于以上三种类型或三种类型的结合，请把你追求财富的经历，或财富观形成的心路历程写下来，相信我，你会在梳理中扫清财富自由之路上最深层的障碍。

本节小结

　　1. 随遇而安型的人不赚钱的原因在于消极，失去了主动创造财富的内驱力。

　　2. 财富绝缘体型的人不赚钱的原因在于抱怨环境，从来不会理性复盘。

　　3. 不断尝鲜型的人不赚钱的原因在于不断更换赛道，浅尝辄止，没有深耕和积累。

学习加油站

　　如果你存在财富卡点，且不幸也身置"三种不赚钱的人"的行列，欢迎关注公众号"王不烦来了"（见 P020），回复"随遇而安""财富绝缘体"或"不断尝鲜"，即可获得对应类型行动指南，教你彻底破除错误的财富观。关注视频号"王不烦来了"可观看更多财富观解析视频。你也可以添加我的个人微信号"王不烦"，进"妈妈不烦"社群，与 30 万女性一起学习。

"王不烦来了"　　"王不烦"
视频号　　　　个人微信

第二章

出发前，先种下正确的财富种子

第一节　不是成功才会快乐，而是快乐才能成功

请你带着这些问题阅读：

1. 当想到赚钱，你会有怎样的下意识反应？

2. 看看周围的人，有多少人可以做到快乐地赚钱？

3. 想想怎样才能做到快乐地赚钱？

曾经，我接到好多学员给我发来的私信求助，她们说：

"我现在负债累累，我怎么快乐得起来？"

"我现在疲于应付工作和家庭，快乐好像离我太远了。"

"我现在的生活并不是我结婚前想要的生活，我如何才能快乐？"

我总会跟她们强调这个朴素的道理：负债也要快乐！每天愁眉苦脸并不能给人生带来什么变化，快乐才会带来成功的可

能。丹尼尔·利伯曼在《贪婪的多巴胺》一书中说，"多巴胺驱动了努力。努力可能受到其他很多因素的影响，但如果没有多巴胺，努力从一开始就根本不会存在"。

而我呢，无论是夜深人静时独自品味静谧流淌的夜色，回顾自己一路跌跌撞撞的 30 余年，还是与挚友畅快谈论起那些年的奋斗史，我都得出一个相同的结论："快乐"是我的财富自由之路上一大重要的因素。这一章，我希望给你们种下的第一颗财富种子，就是正确看待快乐与成功的关系。相信我，快乐会为你打开一个全新的世界。

2014 年，在中国人民大学和美国西北大学联合培养之下，我顺利博士毕业。理论上的精进完成之后，我开始进入实战领域。我用 5 年时间从初入职场的小白打拼到了上市公司高管。2017 年，我投资一家公司，操盘了全网第一的女性项目，并且用 7 个月让这家公司估值从 8 亿元到了 20 亿元。2018 年，两家大公司向我抛来橄榄枝，400 万元年薪加价值 1 亿元的期权。2019 年，我创立"妈妈不烦"，迄今为止已经为 50 万女性做过商业思维辅导。

很多对我的这些经历有所了解的人在见到我本人之后，总是意外于我和他们想象中的形象有着极大的反差。在他们的想象中，我应该是一个争分夺秒的女强人，我这么忙，还应该是一个可怜的女强人。我的婚姻不会太幸福，毕竟我可能没时间经营家庭；我在员工面前肯定像个"女魔头"，严格要求自己和他人，当然我的着装也应该非常精致。

很遗憾的是，走进我的生活，你见到的是一个松弛的、笑声爽朗的甚至是有点任性的傻大妞，穿着也总是很随意，拖鞋、运动鞋，总之你很少能看到我穿高跟鞋。记得有一次，一位化妆师到公司给即将要讲课的我做造型，问我想要化成什么风格。我的小伙伴们纷纷给出建议："化出贵气，要一看就是有钱人""走优雅风，咱们可是知性女博士"……结果我说："我要化出自由感。"化妆师听后当场蒙掉，"自由感"是个什么东西，没化过啊！接着我补充道："应该是比较真实的感觉吧，能够让人感觉很舒服，当然，最重要的是要让我自己舒服。"

生活中，我其实就是这样的一个人，贪吃、爱玩，走到哪都有笑声，任何场合我都愿意以真实的一面示人。我坚信，只有让自己先感到舒适和快乐，我才能够走出门去改变世界。

顶尖人物集团（New Leaders Group）历经 3 年，访问

了全球企业管理、心理学、领导力与脑神经学领域的专家，调研了100多家企业共计24346名员工之后，从3576项完整有效的数据中发现，既快乐又成功的人是存在的，但占比较小，只有15.6%。很荣幸，我是其中一个。我也特别愿意在这一节把我对成功与快乐的理解分享给大家。

1. 不是成功才会快乐，而是快乐才能成功

先问你几个问题：你觉得快乐与成功究竟是怎样的关系？是两者不能兼顾，只能选其一，还是两者是因果关系？

我相信很多人都听说过这样一个观点：人必须有钱才能快乐。只有成功，才会拥有快乐，也才能真正快乐起来，似乎这已经成了这个社会多数人的信念。很多人会默认快乐是一种奖励，我必须取得了怎样的成就我才有资格感受到快乐，我必须得到了什么，我才能感觉到快乐，但事实并不是如此。

在哈佛一项幸福学的研究中，研究者通过调查1600名哈佛本科生得出结论：当一个人把自己调整成快乐的状态之后，他的财富指数就会发生很大变化。还有一项针对全球四大会计

师事务所的 2000 多名管理人员的研究也表明，如果一个人一整天的快乐指数都很高，那他这一天的工作效率也会很高，这个人的薪资也相对较高。同时，哈佛大学在一项涉及全球 275000 人、200 多项子课题的研究中发现，在工作、健康、友谊、社交、创造力和活力等几乎所有方面，快乐都可以带来成功。

以上研究成果无一例外都证明了，不是我们成功了就会快乐，而是快乐了才更有机会成功。从本质上来说，快乐已经不仅仅是一种情绪，更是一种竞争力，让我们获得财富的竞争力。对于这一点，我是坚定的支持者和践行者。

"妈妈不烦"在创业第一年公司的营收超过 2000 万元，你肯定以为我们是一个氛围很紧张、节奏快得像打仗的大公司，其实不然。我们创业第一年只有 7 个人，至今团队的人数也不到百人。能够真正做到"小团队，大业绩"的秘诀，我想就是快乐！在"妈妈不烦"，快乐的因子无处不在。

我们工作的时候，常常因为一个笑话，笑声响彻整个办公楼层。学员来找我们玩的时候，不用打听，一出电梯笑声最多的那一家肯定就是我们公司。我们公司有一个小伙伴叫季米粒儿，她的笑声、打电话声一度被我们办公区的邻居们多次投诉。HR 接到电话："今天，你们公司有一个穿红色条纹的女生打电话声音太大了，被邻居投诉了。"HR 转告大家，这时候，她会突然晃过神来："呀，说的又是我呀，哈哈哈哈哈……"紧接着又是一群人大笑。"嘘、嘘、嘘——"HR 通常此时急得不行。

当重大节日或者有重要项目的时候，我会带着他们一边办公一边旅行。我们到大理、到某一处海边，租下一个院子、包下一个民宿，一边高效工作，一边开始我们的旅行计划。后来，我们终于忍不住长期租下了大理的一个民宿，团队有了自己每年旅行办公的院子，那个院子里还有一棵石榴树，我们总说，那棵石榴树一定是世界上最快乐的树，因为我们时常在树下吃吃喝喝、唱歌欢笑，它是被我们的笑声喂大的。

在工作中，每个人都可以选择做让自己感到快乐的工作内容，领导可以随时灵活地协调大家的分工。因为我深知，快乐地工作是高效和创新的前提，快乐是最大的生产力。我们公司内部流传着这样一句话：请克制你对工作的爱——今天的觉今天睡，今天的钱今天赚，今天的快乐今天享受！

因此，在真正踏上创富之路前，很重要的一件事情就是调整好快乐与成功的顺序。不是成功了才会快乐，而是快乐了才可能成功。一个人越快乐，就越容易成功，倘若牺牲快乐去换取成功，只会大大降低成功的概率。

当你明白这个道理时，你就会有意识地去调整你的状态，你会知道每天快乐多一点，距离财富就会近一点。不仅如此，你还会有意识地去调整下属、同事、家人、朋友的状态，这个时候你就会发现，你对工作的积极性、对生活的热情都在不知不觉间迸发出来了。

快乐就是一个决定，当你决定快乐，一切自然会跟上你的这个伟大的决定。

2. 快乐可以对抗追求财富路上的压力和焦虑

心理学上有一种现象叫"抵消效应"，也就是说人的不同情绪是可以相互抵消的。快乐的情绪就是应对紧张和焦虑的一剂速效药。

下面先跟大家讲一个别人家的案例。

小 A 是一家公司的产品经理，对于马上要开始的新产品发布会，她感到非常紧张。她担心自己说不清楚产品的核心价值，还担心自己可能在台上忘词，甚至担心电脑会死机。

这时候，她的老板走过来，提醒她："你准备好了吗？这是大事，千万不能搞砸了。"

接着，她的同事也跑过来提醒她："今天现场氛围特别不好，这事太重要了，你一定要扭转乾坤。"小 A 感到一股巨大的压力压在她的身上。

虽然这个产品是她设计的，她也为此准备了很多天，此时的她却感到非常紧张，心里不断地重复一个声音："如果我搞砸了，我就是公司的罪人……"

最后，她上台演讲的情况不太顺利。

工作、生活中，这样的场景我们是不是也经常遇到？在面对一场重要会议、一次年度述职时，我们总是因为过于重视而感到紧张，如果这时候还有人在你耳朵旁边念叨着"你千万不能出错""一定不能出错"，我相信你的焦虑值一定会爆表。

我们的大脑中时常会跑出各种各样的负面声音，比如：

这个事情可能会失败，如果失败，就丢脸丢大了；

这个事情的责任太大了，如果被我耽误了，可就麻烦了；

这样我会出丑的，以后怎么见人呀？

我没那么专业，就算再努力，也一定会失败的；

如果现场发生意外，怎么办呀？

所有的焦虑就像警报声一样，会让我们分散注意力，很多人往往因为这些警报声停下了脚步，一次又一次地回到自己的舒适圈。然而，追求财富的路上一定伴随着挑战、压力、恐惧和不安。如果因为消极的情绪止步不前，我们一定会一次又一次与财富失之交臂。

近20年来，大量心理学研究发现，消极情绪会使我们的思想和行动范围变狭窄，使我们的行动限制在"搏斗"和"逃跑"两种选择上；而积极情绪则可以拓宽我们的思路，使我们更善于思考，更有创意，产生更多新点子。如果我们用快乐的心态来替代这些负面情绪，会变成什么样子呢？来看一个我们家的案例。

微阳是"妈妈不烦"核心团队中的一员。在来"妈妈不烦"创业之前，她已经小有成绩，买了房子、车子，还做了一个自己的女性社群。

但相处后很快就发现，她是一个拍照不会笑的人，平常也很少看到她开怀地笑。她总是一丝不苟地专注在事情上，很少表达自己的正面情绪。与她共事的小伙伴都小心翼翼，生怕一个不小心就踩到她的雷区。在家里，她和先生也总是因为很多事情争吵，她时不时会抱怨老公不够上进，爱打游戏。似乎一切都没有能让她安心的。

可是，当和我一起创业两年后，所有人都发现她爱笑了。她拍照时会笑，她对下属会笑，她的直播间更是笑声不断，甚至时不时还在我们面前夸夸老公的温柔和体贴。

我问她，这一切改变是如何发生的？

她说，现在的工作于她而言是快乐的，是一种能量补给的方式，而非能量消耗。在这里，时常有人夸她，她的每个进步都会被看见、被鼓励，她享受在工作中的同事关系、客户关系；她更感动于帮助了那么多女性赚到了钱、帮助她们变得更好的那份成就感；她还学会了及时地放松自己，累了就休息一下，需要帮助了就及时告诉别人。

她说："当我知道我不必压抑自己的感受和需求，我可以大胆地去做自己认为对的事情，就算出问题了，大家和老王也一定会及时补救，当我知道了这一切，我整个人就轻松多了。"

在这样包容的环境下，她的潜能一次又一次被激发，从带着一个小团队都觉得累到现在带着一个几十人的团队操盘年营收过亿元的项目，"妈妈不烦"的社群体系在她的不断迭代之下，逐渐也必将成为优秀的女性文化社区。

你看，这就是快乐的力量。快乐可以对抗压力、焦虑、不安，会提高我们的专注力，还可以让我们不断地有激情去创造和创新。人是组织中最重要的资源，员工越开心，工作就越出色，对待工作和生活也会越有乐观精神。

放眼全球，聪明的公司都会主动为员工营造出一种快乐的工作氛围：在乐高公司的总部，天空蓝的墙板，玫红色的高背沙发，高低各异的展示柜上摆满了积木拼出的变形金刚、坦克。嗖的一声，你会看到一个员工顺着铁皮滑梯从二楼冲到一楼，站起来拍拍屁股，若无其事地走向办公室。在Facebook（脸书）办公场所配备了医生、按摩师和理疗师，员工的小孩在公司出现是司空见惯的景象。在谷歌，公司鼓励工程师们带宠物来办公，办公室里你可以看到俨然动物园的热闹景象。时不时地移动办公是"妈妈不烦"的快乐基因。很多公司推出一系列的员工福利，都只是为了让员工维持一个快乐的、舒适的工作状态，去为公司创造财富。

多伦多大学做过一项很有趣的研究，在这个研究中被试者被诱发出积极情绪或消极情绪，然后观看一组图片。研究结果发现，那些被诱发出消极情绪的人，无法看到图片上的所有内容，还漏掉了背景中的关键部分；而那些诱发出积极情绪的被试者，则看到了图片上的所有内容。积极情绪还会帮助我们组织新信息，使信息在大脑中储存的时间更久，提取信息的速度更快。究其原因，积极情绪会使我们的大脑充满多巴胺和血清素，这两种化学物质不仅使我们感觉良好，而且能提升大脑学习中枢的激素水平，让我们变得更有创造力。

因此，请努力创造条件让自己快乐，只有当你的身心都感到愉悦时，你才有能量去创造价值，有力气去追求和获得财富。轻装上阵的人一定好过负重前行。

本节小结

1. 快乐已经不仅仅是一种情绪，更是一种竞争力，让我们获得财富的竞争力。

2. 快乐可以对抗压力、焦虑、不安，会提高我们的专注力，还可以让我们不断地有激情去创造和创新。

3. 只有当你的身心都感到愉悦时，你才有能量去创造价值，你才有力气去追求和获得财富。

第二节 赚钱的本质是对商业底层逻辑的认知

请你带着这些问题阅读：

1. 你觉得赚钱的本质是什么？

2. 周围人赚到钱的原因是什么？

3. 你觉得自己适合哪种新型赚钱模式？

关于赚钱，你是不是也有过这样的想法：

"每天起早贪黑，努力工作，在一个行业待的年限足够长，就可以赚到更多的钱。"

"只要学历高一点、证书多一点、技能强一点，就可以赚到更多的钱。"

"努力去结识更多的人，扩大自己的圈子，万一有幸遇到贵人、跟上哪个风口项目，就可以赚到更多的钱。"

如果你真的认为一个人能赚到钱是靠专业、经验、学历、证书、运气、人脉等，那么你一定要好好读接下来的内容，我将会用三个知识点打破你现有的认知。

1. 赚钱就是一门手艺

硅谷知名天使投资人纳瓦尔在他的著作《纳瓦尔宝典》里有这么一段话："假设有一天，我创业失败，身无分文，这时把我随意丢到任何一个说英语的国家的街道上，我相信自己会在 5 年或 10 年内重新变得富有，因为我已经掌握了'赚钱'这门技巧，而这门技巧人人都能学会。"我深表认同，这也是我要跟你们分享的第一个重要的知识点。

赚钱就是一门手艺，和妈妈们擅长的做饭、打扫卫生并没有区别，只不过绝大多数人用一辈子去做饭、打扫卫生，却没有认真思考和学习过"如何赚钱"。于我看来，赚钱这门手艺并没有比做饭更高级。

我辅导了很多普通妈妈学赚钱，在学习中她们会突然顿悟："啊，原来是这样的呀。"然后就开始了自己的探索之路。有人之前只要创业都是亏钱，学完突然知道业务如何调整，同样的行业、同样的团队，突然就一年赚了几十万；有人空有才华却不知如何开始，突然间就想明白自己要做什么，一年之内开发了自己的线上课程、社群，迅速地收入就近百万；也有全职妈妈觉得自己啥都不会，可学了商业后，靠分享如何做鸡爪也能月入 2 万……这样的案例太多了。我说这些不是为了证明我厉害，而是想告诉你，赚钱就是一门手艺，并不比做饭高级，甚至对我而言，做饭比赚钱要难。因为到现在为止，我学会了赚钱，但没有学会做饭。如果今天你会做饭，你就可以学会赚钱；如果你今天不会做饭，你也可以像我一样会赚钱。

赚钱这门手艺，其实，有个更正式的称呼，叫"商业"。上 MBA、EMBA 的各种老板学的就是这门手艺。他们上的是商学院，而"妈妈不烦"给普通妈妈们办的商学院，叫"妈妈商学院"，本质都是一样的：教会一群人如何理解和思考赚钱。那赚钱背后的逻辑又是什么呢？我们接着往下看。

2. 商业的本质是创造和交换价值

赚钱是商业，商业的本质是什么呢？商业的本质是价值创造和价值交换，只有那些能够真正为社会创造价值和提供交换价值的人，社会才会给予其回报，这样的人才会挣到钱。

我们举个简单的例子来说明这个问题：假设你去卖饼干，你卖的饼干和奥利奥饼干有什么区别？

假设你去摆地摊，你进了一批货，卖你喜欢吃的饼干。这一步你干的是销售，其实就是在为社会提供交换价值。收入不错后你可能会想：哇，我要赚得更多一点！你会不会花更多的时间摆更久的摊？甚至开个店，24 小时都可以卖饼干。这干的还是提高交换价值。

不久后你发现，赚的钱变多了一些，可跟奥利奥还是有很大差距啊！怎么办呢？你可能会想，我干脆自己生产饼干。没错，你现在干的是研发，是创造价值。走到这里已经很不错了对不对？可赚到的钱还是不多。

这时，我们用商业的逻辑来看，你接下来该怎么做？

比如说，饼干卖得特别好，那我们要不要去上渠道呀？让这个饼干铺到更多的超市去。于是你开始经营起自己的代理商、渠道商、经销商，让渠道批量地帮你卖，这是不是比你一个人卖效率更高了呢？你还可以开全国连锁店、加盟店，把你的饼干店开到每家每户的门口。这个过程，你让价值交换的过程变得更顺畅了，交换效率是不是更高了？

再进一步，你说，你还要做一个自己的品牌，你开始设计自己的品牌标识，开始请了明星来代言，让用户在选择付费的时候更相信你，看到你的产品想都不想就决定购买，这是不是又可以赚更多钱？

再进一步，你不仅有了渠道，有了自己的品牌，还让你的用户愿为你传播，成千上万的用户成为你家饼干自发的推广者，带来产品的自增长，你的价值交换效率是不是又一次提高了呢？

此外，你创造价值的模式也可以继续升级。比如你的饼干可以和迪士尼做联名款，做很多公主模样的小饼干，和更多品牌联名，创造出更多爆款饼干……

听到这里，有没有觉得好像你离奥利奥越来越近了？如果每步都完成得特别顺利，你的销售额不见得比奥利奥差，甚至一个比奥利奥都要厉害的品牌可能就从你手里诞生了！

一路走下来你会发现，整个过程当中不再只是靠你的努力，不是你做饼干比别人专业，也不是你这一路上有好运气，靠的是你在创造价值上越来越拥有独特性，靠的是你在交换价值上面的效率变得越来越高，这些就是商业。所以我们回过来讲，商业的本质是什么？是创造价值和交换价值，所有的商业模式都是因为它创造的价值越来越大，它交换价值的效率变得越来越高，所以它可以赚到更多的钱。讲人话，最通俗的表达是：你能够给别人带来的帮助越大，你能够最快地让很多人知道你可以帮到他们，你就可以赚到更多的钱。无论今天你是一个卖饼干的，还是一个做教育的，无论你今天是一个街头小摊，还是一个世界 500 强公司的老板，本质上你们应用的都是一样的商业底层逻辑。赚钱的底层逻辑是商业逻辑，因此想赚钱就要拥有商业思维。

3. 商业模式就是升级"创造价值和交换价值"的方法

对于普通人来说，商业思维就是你能用已经验证的商业规则来帮助自己赚钱。找到对的赚钱模式，知道在什么商业模式下，你能更好地创造价值以及提高价值交换的效率，这样才能赚到钱。在"妈妈不烦"的社群里，我们有各种各样的商业案例。

　　在"妈妈不烦"里有个学员是瑜伽老师，我们都称她为波波·琼。她学了近 8 年的瑜伽，但一直不敢从事瑜伽行业，因为她发现瑜伽行业的教练特别辛苦，开瑜伽馆的成本又高，碰到疫情后全都在亏钱，于是她就开始想办法，到底怎样才可以改变这样的困境。

　　你觉得怎么样可以帮她解决这个问题？找更便宜的场地、用更少的教练来降低成本？做更多的推广、想奇招来营销？还是直接关闭？那么，我们可不可以换一个更好的商业模式呢？我们还有没有更好地创造价值和交换价值的方法呢？

　　后来，她把注意力放在了线上学习。她研究后发现，线上课程都是用训练营的社群模式，也就是拉一个群，所有人在社群中一起学习、一起打卡、一起分享。那瑜伽课为什么不可以转到线上来学习呢？于是，她做了一个大胆的决定——把瑜伽馆搬到线上，创造了一个线上的移动瑜伽馆。

　　她开设了瑜伽线上训练营，把线下的学员和朋友都转化到线上。每天早上 6 点钟开始直播上课，带大家练习一个小时的瑜伽。腾讯会议视频里，她可以看到所有学员的动作，学员的动作有问题她会随时提醒调整，日常学员有疑问她也会随时回答。学员从刚开始只有几个人到现在有几十个人，她每天固定直播一个小时，每个月赚两三万元。

是不是很厉害？原来人们只能去瑜伽馆，但是现在可以在线上学瑜伽，既节约了来回路上的交通时间，还能随时在社群里享受到老师更多的照顾。你看，这就是商业模式的创新，从线下瑜伽馆变成线上移动瑜伽馆，本质上创造了价值，也让交换价值的过程变得更轻松、效率更高了。

波波·琼创造了新的瑜伽商业模式之后，更重要的是她还做了这样一件事情——她把做线上移动瑜伽馆的商业模式教给了很多同行，帮助更多的同行转型成功。不到一年，她总计赚了近100万元，在县城给她妈妈买了一套房子。那一天，我得知这个消息后特别开心。

其实，不只是瑜伽行业，每个行业都会有很多种商业模式，我们要做的是善于去寻找最好的商业模式。

比如：

都是卖水果，你可以天天赶集去卖，也可以开水果店卖，还可以直接供货给百果园或者其他品牌店铺；你可以拉个群卖，也可以在直播间卖，你要选择哪一个呢？

都是健身，你可以做别人的私教，也可以自己开健身房，还可以做成超级猩猩、Keep 这样运动爱好者聚集的健身App，或者是像波波·琼这样用心在线上服务和陪伴好一群人，你要选择哪一个呢？

都是中医，你可以选择去一个中医馆上班，或者自己开一个中医养生馆，也可以选择自己做一个中医社群，或者在线上提供问诊服务，或者拍成短视频教大家各种养生知识，你要选择哪一种呢？

你看，同一个技能，却可以设计不同的商业模式来赚钱，这就是商业的神奇之处。它就像是一种"魔术"，像一个阿拉丁神灯，可以让你的技术、专业、才华、天赋以不同的形式呈现出来，用不同的方式去帮助你想帮助的人。说到这里，是不是觉得非常有趣？是的，自从懂了商业，我觉得这个世界充满了乐趣。当你懂得欣赏商业之美，你会发现：商业的美并不亚于这世间最美的艺术，商业可以助力很多人去完成一生的夙愿，也可以去创造人世间的无限可能。

第三节　适合妈妈们的商业模式

我深知，每一位妈妈多一个赚钱的门路，每一个家庭就多一分生机。因此，我从未停止过对更有爱的商业模式的探索。对于妈妈这个群体，我倾尽所学试图寻找适合她们的赚钱模式，用她们能够听得懂的话语，用她们能够学得会的方式教给她们。

下面，我给大家分享"妈妈不烦"商学院这两年验证下来的最适合普通妈妈的 5 种赚钱模式，每一种都有很多妈妈已经或正在这条路上赚到了钱，都是经过验证的适合普通妈妈的商业模式，我想对正在阅读的你一定有一些启发和实际的帮助。

1. 最适合普通妈妈的 5 种赚钱模式

（1）兴趣电商模式

兴趣电商，是一种基于人们对美好生活的向往，满足用户潜在购物兴趣，提升消费者生活品质的电商。传统的商超模式和电商模式以消费者明确的购物需求为起点，是"需求—搜

索 – 购买"的模式，与此不同，兴趣电商围绕的是内容，通过内容激发人们的购物兴趣，是"兴趣—需求—购买"的模式。也就是你也没想好要不要买东西，但是刷着刷着你就下单了。

想象一下，晚上，你上床准备睡觉了，睡前刷刷抖音，突然发现一个主播正在吃面，那叫一个香呀，特别好吃的样子，然后他说："今天这个面呀，是最正宗的老北京炸酱面……今天，统统 5 折，想吃的赶紧下单哦，一共就 200 包。"这时候，正好有点饿的你，是不是马上就下单了？这就是兴趣电商。之前你没有需求，你刷着刷着，看到好的内容，你的兴趣就被激发了，从而引发了你的下单。

这是一种全新的购物场景，如果普通妈妈能用好这种购物场景，你会发现赚钱变得简单很多。

比如说，"妈妈不烦"里有位很热爱生活的职场妈妈，她特别喜欢分享自己各种生活小技能，还善于发现各种各样有意思的小工具。比如：

"哇！我竟然发现了一种神奇的双面胶，用它粘东西从来都不会掉！"

"这种削皮器很好用，既可以削土豆、黄瓜等蔬菜。扭一下，还可以削水果，不同水果还有不同的模式，这也太方便了！"

"这种水壶好漂亮啊，既可以煮咖啡，也可以煮桂圆红枣等各种茶，煮上一壶，就可以美美地喝一下午……"

于是她拍了很多短视频，吸引了一批同样热爱生活的妈妈粉后，她还开了直播跟大家聊生活中那些美好的小物件，等等。很多人就因为她的推荐买了各种产品，她因此一年副业的收入就有 30 多万元，而她上班一年工资还不到 12 万元。

兴趣电商就是基于人们对美好生活的向往，满足用户潜在购物兴趣，提升其生活品质的电商。这个模式特别适合妈妈，妈妈是天生的生活专家，她们自带识别好物的能力。而且，这个模式的优点是你不需要太多投入，不需要囤货，不需要开店，对学历也没有任何要求，你只要坚持分享就好了；在分享的过程中，引入各种平台自带的产品链接，大家因为信任你下单，下单之后你都不用发货，平台自动发货，粉丝每下一笔单你就会有一笔利润，是不是特别棒？

（2）知识付费模式

知识付费这个模式特别适合专业的人，比如律师、医生、老师，或者你有一技之长（制作美食、运动、收纳等都可以）。我前面讲到，商业的本质就是价值创造和价值交换，那么知识付费模式的本质就是创造知识这份独有的价值。在你的大脑中的很多东西，虽然有价值，但如果你不分享，它们就是闲置的资产。当你把它们变成课程，变成内容教给别人，那你的闲置资产就值钱了。

在"妈妈不烦"的社群中有个学员，这里简称她为小A吧，她特别喜欢做饭，每天给自家小朋友做的早餐都特别精致，一个月都不重样。学习了商业思维后，她把每天做早餐的过程拍成了视频，发到了小红书上面。于是就吸引了很多人，他们有些看到之后就会说："哇！我来跟你学做早餐好不好？"她说："好呀！"然后就有一些学员跟她一起做早餐。学员的收费都不高，每个人500元，而且是终身制的。后来，她的学员越来越多，每个月的收入也过万元。

你看，是不是没有想过教别人做饭还可以赚钱？这就是知识付费的商业模式。总之，只要教别人学东西，大家觉得你好棒，愿意付费给你，这就叫知识付费。

现在，我身边的女性做知识付费模式的人已经越来越多了，有的教别人做饭、教别人画画，有的教别人写字、教别人穿搭，有的教别人拍照、教别人声音变得更好听……这些都可以变现。

输出能力，就是一种能让你实现变现的能力，知识付费这个赚钱模式非常适合有一技之长的妈妈。

（3）妈妈社群模式

这几年经过很多人的普及，很多普通妈妈对社群这个概念已经熟悉了，其实就是通过运营微信群来获得收入。那么，怎样通过社群赚钱呢？你可以选择成为一名优秀的社群运营官，轻松地找到一份工作，或者在家兼职，玩着手机就把钱赚了；你也可以运用社群这个模式来改造你现有的商业模式，我可以很肯定地告诉你们，如果一家公司用社群的商业模式重新设计一番，它的收入一定会大幅增长，创造价值的效率会大幅提高。

社群运营官，这是典型的社群运营岗位。这些岗位为什么会变得很重要呢？因为微信的普及，加上许多人做微商、社区团购、社群分享等，社群的从业人数已经相当可观。许多企业还在招募社群人才，社群运营这个职位的平均工资会是行业里许多工作岗位工资的 2.5 倍。只要你懂得如何运营社群，如何通过社群完成销售和服务甚至更多的动作，那你的工资马上就可以翻倍。

在"妈妈不烦"社群中，有一个来自郑州的妈妈，她原来的工作属于传统行业，可她特别不喜欢自己的工作。她在"妈妈不烦"学习了社群运营后，成长为一个成熟的社群运营官。后来她辞掉工作，去了一个她特别喜欢的瑜伽 App 公司做社群运营，不仅工资翻了 3 倍，而且她的状态也越来越好。

还有一位云南山区的妈妈张翠梅，她家种植了很多苹果树，在学习社群运营之前，她只能靠自己去找渠道，摆摊销售，后来用社群模式卖出了 4 吨苹果。当然，学会社群模式，你可以链接任何产品。在"妈妈不烦"，有的妈妈用社群模式卖茶叶，有的卖电器，有的卖农产品。

（4）妈妈主播模式

妈妈主播，一般是指在自媒体平台当妈妈博主，进行直播运营、短视频运营或短视频内容创作，是现在市场中很热门也很重要的岗位。因为这类职业非常新，这个行业里从业人员的从业时间都非常短，只要你现在开始学习，明年就是个老手，是一位资深人士了，所以现在去学习完全来得及。

在"妈妈不烦"商学院里，有个小伙伴叫韩野，她是清华大学硕士毕业，因为极度热爱土地，她毕业后回家做了一名专注有机的新农人。过去几年，她一门心思把精力扑在种地上，不断学习各种土壤修复的技术，生产健康安心的食物，然而她发现她精心种出来的有机菜却因自己不懂销售而滞销了。来到"妈妈不烦"之后，她开始专注学直播，做短视频，她的第一条短视频一上传就播放量超 25 万，很快她就卖出了 2000 斤大白菜和上千斤红薯。后来，她又开启了直播之路，第一天开播销售额就近万元。后来，她还成为某甄选直播间的供货商之一。

还有一位妈妈，之前的工作是在线下店卖金银首饰，当很多人都更愿意选择网上购物后，实体店的生意愈发惨淡。加入商学院后她发现，很多妈妈可以直播卖化妆品，可以直播卖土特产，那自己为什么不可以直播卖金银首饰呢？于是她很快就加入直播赛道，成了珠宝行业里最早直播带货的那批人。后来，她还因为这段尝试的经历获得了一份主播的工作，收入明显增长。

（5）顾问式销售模式

每个时代，好的销售都是稀缺人才。而在这个时代，顾问式销售尤其重要。什么是顾问式销售？顾问式销售的本质是通过建立信任、精准鉴别用户需求并提供对应的解决方案。简言之，帮助对方解决问题，让对方选择自我成交。用户反感的不是销售，而是盲目的推销，如果我们学会顾问式销售，就能够理解到，每一个人都是渴望改变的个体，我们的作用不再是推销，而是解决问题。所以，如果你会顾问式销售，恭喜你，你在任何行业都是稀缺的。

比如"妈妈不烦"商学院里很多从事销售的学员，有的是卖化妆品的，有的是卖玫瑰酱的，有的是卖红酒的，还有的是做知识付费的，她们中许多人学习顾问式销售方法后，工资都比之前翻了一番。

例如"妈妈不烦"商学院的萌晶，在顾问式销售实战营中学会带领团队，帮助80位妈妈卖她们各自的产品，28天集体变现80万元，人均1万元。

菲菲熊，利用顾问式销售和社群运营的经验，帮助当地做教育培训机构的朋友实现转型，一天就进账30万元。

注意，非常高比例的CEO都是有销售背景的。这也就意味着销售收入的天花板非常高，只要你会顾问式销售，你就可以卖任何产品。你还可以将你的专业放大，突破专业很强却赚不到钱的困局。普通妈妈学会这个模式，也可以做到月薪几万元甚至几十万元。

2.为实现女性的经济独立，勇敢出发吧！

在"妈妈不烦"中有个学员是商场客服，曾经碰到过一个特别让人生气的事。

有个女性客户过来非要退掉一个 129 元的烧水壶。她问是有什么质量问题，还是不喜欢款式。客户支支吾吾地不肯说原因，就想退货。在她的再三追问下，对方居然哭着说，因为老公觉得她乱花钱，不让买。

原来，当一个女人没有赚钱能力的时候，连花 129 元钱都要看别人脸色。

还有另一个学员，她出去吃早餐都得问店家能不能开发票，一到月底她就开始在我们的群里收集各种各样的发票，我问她要这么多发票干什么，原来她老公在每个月给她生活费的时候，居然要求她凭发票来报销。

而我自己，作为一个女人，一路走来，也听过太多否定的声音：

放弃吧，你这么辛苦，也不一定会成功的。

女人在家带带孩子不好吗？干吗非要出来折腾？

女人嘛，还创什么业呀，和男人抢什么呀……

当我妈妈知道我打算放弃 400 万元年薪的工作机会去创业的时候，差点气得晕倒。她说，赚钱这个事稳定就好，瞎折腾什么。

万般阻挠下，2019 年年底，我还是创立了"妈妈不烦"，立志搭建全球最大的妈妈互助圈。我希望"妈妈不烦"可以给妈妈们提供最好的教育、最有趣的内容、最好的机会、最有意思的闺蜜。总之，妈妈们需要什么，我们就提供什么，我希望每一个在"妈妈不烦"的女人都得以实现自我价值。而在"妈妈不烦"的第一个阶段，我们要做的就是解决妈妈们最难又无法回避的一个难题，就是如何实现女性的经济独立。

我想让每个女性都像我一样拥有创造财富的能力，每个家庭都能因为拥有一个会赚钱的妈妈而幸福。我想对每个女性说：女人赚钱，赚的不是钱，而是尊严和底气。你的价值与性别无关。身边的人可能会因为性别而对你有偏见，但是，事业不会因为性别而背叛你，钱更不会因为性别而看不起你。不要让别人定义你的生活。属于女人的世界，绝不是只有厨房那一片地方，你完全可以靠自己的双脚，走出去看看更美丽的景色。

茨威格有句名言：一个人最大的幸福莫过于在人生中最富创造力的年龄，发现了此生的使命。我很幸运，每天都在为这个使命奋斗着。这本书，正是把过往我教妈妈们赚钱时最经常遇到的问题和解决方案，浓缩成每个女性都应该学习的赚钱心法和技能，还汇集了很多关于妈妈创富的思维模型、底层逻辑和实战经验，现在全部分享给你们。

我心中有个画面，不论是在书店，在咖啡馆，还是在马路边，一个女性拿起这本书，书中的一个观点影响了她对人生的看法，一种方法帮助她解决了当下的困境，再厉害点，让一个普通妈妈一个月多挣几千元，一年能多赚个十几万元，甚至几十万元，让她背后的普通的家庭变得更好，让她对未来的人生充满希望和喜悦。这就是让我做梦都会笑醒的画面。

女人们，为实现经济独立，勇敢开始吧！

本节小结

1.商业的本质是价值创造和交换，只有能够真正为社会创造价值和提供交换价值，社会才能给予你回报，你才会挣到钱。

2.赚钱更多的根本原因，不是你越来越努力，而是你的商业模式变得越来越好、越来越厉害。赚钱的底层逻辑是商业逻辑，因此想赚钱就要拥有商业思维。

3.事业不会因为性别而背叛你，钱更不会因为性别而看不起你。不要让别人定义你的生活。

学习加油站

如果你对以上的赚钱模式感兴趣，扫码关注"王不烦来了"公众号（见P020），回复"咨询"，即可免费获得1次一对一商业咨询答疑。扫码关注"王不烦来了"视频号（见P030），每周都会有不同主题的商业模式专场直播。

第三章

重启：管理你的能量，而非时间

第一节　聚焦关键结果，做好抓住机遇的准备

请你带着这些问题阅读：

1. 你有没有忙着忙着突然情绪崩溃的时候？

2. 你真正关注过自己的状态吗？

3. 你更看重高效时间管理，还是高能量状态？

有一天，一个朋友突然给我打电话，开口就说："我真的受不了了，我要离婚了。"我很诧异，因为她平常看起来根本没有任何问题，无论事业、家庭，还是她自己的状态，在外人眼中几乎接近完美。彼时，我脑海中冒出了老公出轨、鸡飞狗跳的吵架画面。但是，在我的追问之下，她接下来的一番话却完全出乎我的意料。

她一边哭泣一边尽力克制地说："我总是很忙，毕业后我争分夺秒地忙着事业，忙着赚钱；结婚后我忙着买房、买车；

后来，我又忙着换房子，忙着把孩子养大……现在我又要忙着把孩子的学习搞得好一点，把公婆照顾得好一点，把夫妻关系维系得好一点。我以为把所有事情搞定之后，我就幸福了。可事实是，我永远搞定不了所有事情。而我的人生就像是被上了一个发条，一直推着我更快一点，再快一点，永远有没完没了的目标在等着我，我真的太累了……"

她越说越激动："这样的生活，到底何时是个头啊……我好想逃离，我想摆脱这一切！我想马上就下楼开车离开，想买张票就离家出走！我恨不得马上远离这一切……"

这一切发生得太突然，以至于我一时理解不了。作为公司高管，有个很会赚钱的老公，还有一对健康的儿女，俨然是一个人生赢家，还有什么不满足的呢？可是仔细想想，我们每个人都有过那么一刻，突然间，觉得自己一切的奋斗都毫无意义。都说成年人的崩溃就在那么一瞬间，平常看起来很正常，会说笑、会干活、会社交，即使遇到糟心事，也不会摔门砸东西，不会歇斯底里，可当一切负面情绪积累到极致后，可能在某一秒因为一件特别小的事情就彻底被打倒了。

为什么很多人看似很有目标感，平常忙忙碌碌，可突然之间就崩溃了呢？这一切的背后，我认为是因为我们长期过度关注效率，而非自我的状态。现实中很多人看似高效，但其实已疲于应对。当明显感觉到生活、工作对自己的消耗后，这种消耗会逐渐削弱一个人的生命力，终有一天会拖垮自己。

总有很多人私下问我："老王，你每天从早忙到晚，一周飞3个城市、讲4天课，这期间还要见n个人，既要创作内容，还要管理自己的公司，还要陪伴孩子，夫妻感情还这么好，你是怎么做到的？"听着他们可爱的疑问，似乎我不离婚几次、孩子不叛逆，都配不上我的成功。其实，我平衡一切的秘密就是能量管理。

以前，我也曾是个钢铁女侠，疏于陪伴家人，总是忙到忘记吃饭，努力恨不得超过董明珠，时间管理恨不得对标王健林。后来，我越来越像个机器人，一个被行程控制的机器人。不行，我绝不容忍自己陷入任何一种消耗。于是，我开始反思问题出在哪里，最后我得出的结论是：我过度关注时间管理，而忽视了自我能量的状态。

"时间就像海绵里的水，挤挤总是会有的。"这话是不是听着很耳熟？

作为妈妈，我们要做的事情总是很多：起床做早餐，送孩子上学，上班，下了班恨不得以百米冲刺的速度去接孩子放学，晚上到家还要做饭、做家务、照顾老人、辅导孩子写作业……每天我们都有忙不完的事情。很多人会以为，只要管理好时间，把时间充分利用好，按小时甚至按分钟来规划，总能搞定所有的事情。于是，很多妈妈恨不得早上第一个起床，晚上最后一个睡觉。你是不是也是这样？

可是，在这个节奏越来越快的时代，我们忙着和时间赛跑，却忘记了人的能量是有限的，我们需要休息、恢复和再生，我们不可能把自己变成一个永远在线的机器人。

但如果你能换一种思维，关注的是当下的能量状态，而不仅仅是时间管理，你就会敏感地捕捉到 "我累了" "我需要休息了" "我需要让自己开心一下了"，你就能及时给自己充电，快速调整生活、工作节奏，让自己稳稳地处在一个高能量的状态里。

《纽约时报》曾刊登过一句振聋发聩的话：管理能量，而非管理时间，是本世纪革命性的发现。这句话尤其适用于已婚女性。

当我开始有意识地调整自我的能量后，我会在感觉有点累或者比较烦躁的时候，马上给自己补充能量。比如：

每天不管多忙，我一定要好好吃饭，我甚至会拒绝和不够喜欢的人一起吃饭，因为我知道那样的社交非常消耗我的能量。

不论一个项目多么赚钱，如果合作方我不喜欢，我是一定不愿意合作的，因为我知道我的能量消耗带来的损失将远大于我的收入增长。

我和他人聊天的过程中，如果氛围不对，我一定会及时暂停一下，比如上个洗手间，比如开个玩笑，调节一下彼此的状态，再继续往下聊。

每天不管工作有多忙，我都坚持和女儿朵拉互动，要么赶在她睡觉前陪她泡个澡，要么下班前和她视频一会儿。每次出差回来，我都会给她带个小礼物……我深知这一切不是她需要，而是我需要！

每年不管多忙，我一定出门旅行2次以上，每次不少于10天。后来因为创业太忙了，我就把这个习惯变成了带着公司核心团队旅行办公，比如：2021年我们去云南待了快一个月；2022年

7 月底，为了写这本书，我在大理已经待了将近半年。

这些能量补给背后的原理都是能量管理。因为懂得能量管理，我很少有心情沮丧、烦躁的时候，就算有，我也总能快速调整和恢复，这样的我每一天都感到很幸福。也因为我的状态，很多人更愿意和我共事，慢慢地我的机会总会比别人多一点，财富自然也多一点。

后来，我慢慢把这些方法教给我身边的人和我的学员。很多学员都震惊于这样的观点，并且因为懂得能量管理而受益良多。比如在"王不烦来了"直播间有一位叫羽的学员说：

我以前只要一陪孩子写作业，就特别容易生气，几乎可以说是狂躁，时间长了，孩子一看到我就害怕。自从来了"妈妈不烦"，跟随老王学习了能量管理之后，我开始打开自己的觉知，不断地去觉察和调整自己的能量。所以现在每当我感觉自己的狂风暴雨要来临的时候，就会马上离开孩子，走出书房，去洗手间照照镜子，欣赏一下自己美丽的脸庞，内心告诉自己："你看你看，这么美的一张脸，可千万不能生气。"随后再去客厅转一转，等心情平静之后，再回到孩子旁边辅导作业。渐渐地，我和孩子的关系越来越好了，他的成绩也变好了。

还有一位学员婷婷说：

我结婚头几年跟公公婆婆一起生活，过得很压抑，虽然过去八九年了，但是只要跟我老公沟通，说着说着我就特别容易扯上以前的那些事情，普通沟通就有了火药味，孩子也在我们的争吵中担惊受怕。在"妈妈不烦"这里我才意识到有能量管理这回事儿，现在一旦我意识到自己有负面的情绪和想要抱怨的时候，我就知道自己的能量不足了，就会马上采取冷静措施：让自己平复一下，而不再是沉沦在负面情绪里，等情绪恢复正常后再跟老公就事论事。当我主动进行能量管理后，我们家庭关系和谐多了，孩子的欢声笑语也多起来了。

生命中很多问题的出现，原因并不在于别人，也不在于你周遭的环境，而是出在你与自己的连接上。我们常说，打败自己的不是别人，而是自己。心是所有能量的发源地，如果你和自己的连接出了问题,你根本承担不起人生给予你的任何东西，无论好的，还是坏的。能量管理，就是与我们的心建立起亲密关系，从而身心结合，一起创造稳定的情绪和能量状态。

我们生活在一个电光火石的时代，每天的事情密密麻麻排满日程表，每个人随身携带手机，揣着待办事项清单，设置很多的闹钟提醒，可一天气喘吁吁下来，你有没有注意：

满满的日程表只会增加自己的焦虑，因为有时候往往连一件事情都没能做完，只剩下懊恼；

在工作上，领导给的任务，不知道中了什么邪，被打回来了3次，不停地要求修改，自己的耐心也肉眼可见地消耗光了；

忙了一天，晚上还要辅导孩子写作业，眼看到了该睡觉的时间，还磨磨叽叽没写完，没忍住啪地给娃一巴掌，孩子和自己同时崩溃，哭得比孩子声音还大。

空中客车销售总监雷义说过一段话："卖产品就是卖自己，要永远保持活力，因为最能签单的，一定是精力最饱满、最有感染力的人，没人愿意和一个看起来半死不活、还没睡醒觉的人做生意。"我深表认同，我经常跟妈妈们说："每个为'情'所困的女人都赚不到钱。"这个"情"就是"情绪"，一天到晚总是生气的人很难被别人认可。

《易经》中有这样一句话："君子见几（亦作'机'）而作，不俟终日。"君子真正看到了苗头、趋势，他会在最佳的时间点行动，不会让自己陷入 "高效率而低效果"的怪圈。

在追求财富和实现自我价值的路上，我们要会蓄力，会调频，会充电，不追求平均用力，而是聚焦关键结果，一旦机会出现，便如猛虎一般手到擒来。

本节小结

1. 长期过度关注效率，而非关注自我的状态，会明显感觉到生活、工作对自己的消耗，这种消耗会逐渐削弱一个人的生命力，终有一天会拖垮自己。

2. 在感觉有点累，或者比较烦躁的时候，马上给自己补充能量。

3. 能量管理就是与我们的心建立亲密关系。

第二节 四个能量来源，让你每天元气满满

请你带着这些问题阅读：

1. 时间管理和能量管理，你用哪种方式比较多？

2. 你对自己的能量有觉察吗？

3. 你平时会用哪些方法让自己迅速恢复好心情？

《如何像达·芬奇一样思考》一书中，作者迈克尔提出了颇具深意的问题："什么场合你会获得最佳的灵感？"经过多年的收集，最普遍的答案有"沐浴的时候""躺在床上休息""在大自然中散步""听音乐"。但是几乎没有人认为自己会在工作中获得最佳灵感。到底应该怎么做才能使人处在极为高效的状态中呢？从天才少女谷爱凌的经历中，我们或许能够找到答案：

谷爱凌从小兴趣多样，骑马、爬树、射箭、钢琴、篮球、

足球、滑雪样样精通，而且 17 岁考上斯坦福大学，美国高考 SAT 的成绩满分为 1600 分，谷爱凌取得 1580 分的高分。18 岁一举成名，成为 2022 年北京冬奥会上刷屏全世界的天才少女，其闪耀的光环足以用"传奇"二字来形容。一个 18 岁的孩子活到了别人几辈子都活不到的高度和厚度。很显然，时间管理这个逻辑不适合谷爱凌，因为仅仅靠时间管理压根就不可能创造这么多的奇迹。

那么，她是怎样取得如此惊人的成绩的？

谷爱凌说自己的"秘密武器"就是每天都要睡足 10 小时，而她的妈妈谈及培养孩子的心得时，强调的也是能量补充："第一是多睡觉，睡不够哪有精力玩儿？"因为充足的睡眠能够使她拥有强大的能量去迎接任何挑战。无论是骑马、滑雪、钢琴还是篮球，每一个项目都是她自己选择的并且非常热爱的事情。她一旦选择后就会 100% 专注地去做，她能够保证自己在做这些事情的时候是以非常高涨的热情、饱满的精力和充沛的体能去投入的。

谷爱凌在采访中说过，最重要的是要找到自己所热爱的事情，但同时也要挑战自己的极限，不害怕尝试新东西。"如果我要做一件事就要做好，否则就是浪费时间。"作为成年人的我听到这话，多少都有些汗颜，我们无法保证自己能像她那样，对手上所做的事情保持着如此高度的纯粹和能量。

那么，我们应该如何获得自己的能量呢？在这里，我把"妈妈不烦"会员能量管理课程的精华分享给你们。在我们的课程里，我把能量补给分为体能、情感、思维、精神4个源泉，每个人都可以根据自己的情况来选择补充能量的方式。

1. 体能来源

这个最简单、最好理解，跟体能相关的，包括饮食、睡眠、运动等。

对我来说，吃顿湘菜，吃个甜品，我会很开心，这就是通过饮食进行能量补给。

我曾经问过身边一个很爱运动的朋友："你创业这么辛苦，怎么还有时间坚持运动呢？"她反问我："你创业这么辛苦，不运动，身体怎么受得了？"对她而言，运动是在续命，这是通过运动进行能量补给。

有不少女性朋友觉得跑步、爬山、做瑜伽也是很好的能量补给方式，或者干脆睡一整天，每个人都能够找到自己喜欢的方式进行体能补给。

2. 情感来源

也就是你与周围人的亲密关系相关的能量，包括你与先生、孩子、父母、闺蜜的关系等等。

当我忙完回家后，我会跟女儿一起泡个澡，和她聊聊天，这样我就能感受到身心全部的放松。

我把我的父母、公婆安排在和我同一个小区，到了周末，我和孩子去看看父母和公婆，和他们吃个饭，饭后一家人散个步，这样我的状态就会特别好。

偶尔，我也会和邓哥一起单独看场电影，周末去腾冲泡温泉，好好享受成年人难得的二人世界。

时不时，我也会约上闺蜜，一起吃个饭，喝个咖啡，不一会儿，我们的笑声保准响彻整个店。

当然，除了与家人、身边人的情感，在这个互联网时代，你还可以在线上构建你的人际圈子，这个圈子照样可以成为你的情感能量补给源泉。

　　自从组建了"妈妈不烦"商学院社群之后，我发现参加这个社群的妈妈们都说自己变得更开心了。是因为我讲课讲得最好吗？课当然很重要，我认真思考了一下，更重要的原因是，她们在这里找到了很多闺蜜。

　　在这里，妈妈帮助妈妈，妈妈最懂妈妈。她们找到和自己同频的人，在社群互动中建立了情感连接，可以一起吐槽、一起成长、互相帮助。她们经常会说"不怕，咱家有人"，慢慢地，"妈妈不烦"被很多妈妈称为她们的"第二个娘家"，大家互为彼此的娘家人。只要你带着一份真心来，在这种氛围下，想不开心都很难。

3. 思维来源

　　自己获得新知，自己掌握技能并日益精进，自己拥有创造力，贯穿这些过程中的思维状态能够使你能量满满。

因为做了一件自己不喜欢的事情，你会难受一整天；因为听了一个好课程，你会开心一整天。为什么呢？因为做不喜欢的事情是最快的能量消耗方式，而上课获得新知是很重要的能量补给手段。

我当年写博士论文的时候，跑到峨眉山待了一个月。那时，我每天的任务就是看书和写书，当然早上会去爬山，晚上也会泡温泉。在看书的时候，我会因为看到一些特别出彩的想法而感到兴奋；在写论文的时候，我会因为完全沉浸在思维流动的世界里，而忘记了时间的流逝。最终，不到一个月我就完成了7万多字的博士论文，全程特别高效而快乐。

专注本身是有力量的，当我们进入心流状态，高能量同时也会注入我们的精神。

我相信职场妈妈们一定也有过这样的经历：当团队一起讨论某个项目或方案的时候，就算一直头脑风暴到晚上12点，你也会觉得特别精神。很反常对不对？这是因为我们深知自己在创造，思维的活跃反而能给予我们能量。

很多人说上班特别累，但其实上班不一定会累，这取决于你的工作于你而言，是能量补给，还是能量消耗？你可以做这样的思考：

自己是在创造性地做自己喜欢的事情，还是在机械地完成各种不得不完成的事情？

工作中自己的状态如何，是集中注意力，还是总分心？

自己是逻辑清晰有条理地完成工作，还是混乱无序地被动应付着？

上面的这些问题，如果你是前一种情况，那么恭喜你，你的工作本身就是你的能量补给手段，而如果你是后一种情况，那么，建议你要么调整自己，要么远离这份工作。人的一生中有三分之一的时间是在工作中度过的，我们应该让工作成为自己的能量补给，而非能量消耗，这样你才能享受工作的美好，提高生命的质量。

4. 精神来源

精神来源与价值感、意义感、使命感、兴趣爱好等相关。当我们做一件有意义的、感兴趣的或者有使命感的事情时，会特别有精神。

"妈妈不烦"创立之初，两个月时间，我飞行了11000多公里，面对面辅导了2000多个用户。每天从早讲课到晚上，还全程穿着高跟鞋在会场来回走，很多女性朋友都心疼我，问我累不累、辛不辛苦？我完全感觉不到累啊。因为我在做一件我特别喜欢、特别有使命感的事情，这件事情本身会滋养我，从而让我不断努力下去。为使命而奋斗，我不累，我很幸福。

此时的我也是这种状态，不论是写书，还是开发课程，为了给大家呈现更精彩的内容，我们写了十几万字的稿子，不断推翻，不断重来，来回改了很多遍，但是我很兴奋啊，为什么？因为一想到我将影响几十万个妈妈和她们的家庭，我就特别开心。这就是精神带来的能量。

正如《你的水桶有多满？》（汤姆·拉思和唐纳德·克利夫顿博士著）中所描述的那样，每个人都有一只看不见的水桶和一把看不见的勺子，水桶满溢使人能量满满、乐观积极，水桶见底则令人能量值走下坡路，从而使人悲观丧气。我们可以为自己的水桶加水，也可以通过帮助给别人的水桶加水，从而使自己也得到水。大家可以把我们的能量值高低看成水桶的水位高低。当我们内耗严重、焦虑不安时，就是我们的水桶开始漏水的信号，我们需要向水桶注入新的水，才能让水桶重新变成高水平的状态。掌握这一点，将会深刻地影响我们的人际关系、工作效率、财富状态，甚至健康幸福。

你可以从以上 4 个角度——体能、情感、思维、精神方面来梳理一下，能做一些什么事情来丰富自己的能量补给清单？

有些人喜欢听着轻音乐入睡，有些人喜欢给家人准备礼物；

有些人喜欢睡前冥想，有些人喜欢早上逛公园呼吸新鲜的空气；

有些人喜欢周末做一顿饭给心爱的人吃，有些人喜欢买一束鲜花放家里，装扮环境和自己的心情；

有些人喜欢跟朋友闲聊，有些人喜欢一个人独处静静地看会书……

相比于单一角度的补给，多角度补给，能量值会更高。也就是说，你要留意你的能量清单是不是尽量包括了这 4 个角度。不要仅仅从一个角度来获得能量补给，要多个角度都考虑到，这样你更容易能量满满。

本节小结

　　1. 每个人都有自己的能量补给方式的偏好，尊重自己的偏好。

　　2. 能量补给是一个系统，可以时刻全方位地给自己加油。

　　3. 每个人都可以从体能、情感、思维、精神的角度来梳理自己的能量补给清单。

第三节　加强对自我能量的觉察，及时调整能量

请你带着这些问题阅读：

1. 作为妈妈，你有过怎样的情绪崩溃的经历？

2. 你是如何调整自己的负面情绪的？

3. 你对自己能量的觉察灵敏吗？

张爱玲说过："人到中年，时常会觉得孤独。因为你一睁开眼睛，周围都是要依靠你的人，却没有你可以依靠的人。于是，中年人学会了伪装，伪装自己很坚强，假装一切都很顺利。"

我们总是装作若无其事地工作、生活，仿佛日子就是这么平静，岁月如此静好，但其实我们知道，这就是我们给自己的一份体面。可真相呢？

有时候你看见一个人正在沉稳地开车，但也许他脑海里想的是生活艰难。

有时候你看见一个人笑得很甜，说话很温柔，但其实她的内心早就崩溃。

前几天有个朋友跟我说，凌晨 2 点崩溃大哭，哭到鼻涕眼泪一把，感叹生活真的太难！哭完了，冷静一下，洗洗睡了，早上 7 点她还要起来上班，跟正常人一样，开始迎接新的挑战。

这种状态下，人们的能量调整机制已经非常不灵敏，就像一台陈旧多年的设备，已经对外部环境没有了回应能力。难道就因为我们是中年人，就该委屈自己吗？不是的。

这里，我建议，一定要为自己建立一套敏捷的能量调整机制，越是灵敏，你的能量越稳定。

我的好闺蜜殷雯曾经和我讲了一个自己的笑话。

殷雯现就职于某央企集团，是其中最年轻的高管，业务能力特别强，但脾气暴躁，与下属的关系有些紧张。

我们的另一个闺蜜很有意思，劝她改一改脾气，于是送了她一个玉如意，并对她说："当你情绪不好的时候，你就摸一摸这块玉，摸一下缓一下，摸两下缓两下，保证你最后都会忍不住念阿弥陀佛。"

过了段时间，闺蜜问她："你的状态有没有好转？跟下属的关系有没有变好呀？"

殷雯说："现在是这样子的，玉呢，已经被我摸圆了，下属呢，跑得更远了。"接着闺蜜追问为啥，她回答："反正我经常听到他们在我办公室门口偷偷说：'她在摸玉如意，她在摸玉如意，领导在生气，领导在生气，赶紧撤！'"

说完我们大笑不已，当然这都是殷雯自嘲的小笑话，她其实是一个人见人爱、花见花开的小公主。

这个小故事中，"摸玉"这个动作就是在建立一个灵敏的能量调节机制，我们正是要如此敏感地去感知自己情绪、能量的变化。当我们善于发现什么时候该建立能量调节机制，那我们就能够做出相应的调整，这个过程就是在建立能量调节机制的过程。我在工作中就经常用这一招。

一次我与一个重要的合作方谈判，因为细节很多，谈了太久，疲惫之下沟通陷入僵局。我意识到我正在变得烦躁，甚至还有点生气，觉得对方太计较了，再谈下去我就想骂人了。

这时候我站起来，说"我去一趟厕所"，上完洗手间，我又在旁边的会议室里转了一圈，缓了大概10分钟。等我再回来的时候，我的状态调整得很好了，这时候再开始与对方往下聊。

后来，这场谈判进行得非常顺利，也是因为这次合作，我赚到了 100 多万元。

成为一个"负情绪小督察"后，接下来，让我们开始建立能量调整机制吧！

1. 先照顾好自己，再照顾家人

我注意到身边很多女性经常出现的状态就是：明明自己的情绪很低落了，能量值很低了，还想着孩子要吃饭，家里太脏，公公婆婆需要照顾，老公好像还有个什么事情要忙。于是强忍着自己的负面情绪，忙来忙去，最后要么就是在某一瞬间因为一件小事崩溃了，要么因为长时期的负面情绪积压而得了抑郁症，甚至身体出现其他疾病。

以前的我也是这样，工作特别忙，自己特别拼，手头每时每刻都有好几件事情必须要完成，于是强制要求自己所有的精力必须一直沉浸在事情里面,慢慢地就很容易忽视自己的状态。我变得很烦躁，想发火，在家里动不动就吵架。在情绪爆发之前，在情绪一点点低落之际，我是有感知的，只是我不重视，我选择了忽视它。

当自己出现了负面情绪苗头的时候，就要及时问一问自己：亲爱的，你怎么了？你当下的感受是什么？对当下的情绪觉知得越具体越好，是委屈、难过、焦虑、嫉妒？这样你就是有意识的状态，而不会一味地被情绪操控。当敏感地觉察出自己能量低的时候，赶紧补一补。此时，不要去担心孩子、家人，首先要照顾的是自己，赶紧做一些补给能量的事情，这时候可以根据你的能量源泉选择你的能量补给方式，比如：是不是可以从体能的角度补给能量，睡个觉、吃顿好吃的、运动一下；是不是可以从情感的角度补给能量，约个好友，聊聊天，看看电影，出去玩一下；是不是可以从思维的角度补给能量，逛逛展览、找个比自己优秀的人聊聊天；当然，也可以从精神的角度补给，看本书，听个课，与自己关心的用户好好聊聊天。

尽可能对能量状态保持警觉，当你察觉到自己能量值低的时候，马上按下暂停键，先补给能量，不任由负面情绪蔓延下去。先照顾自己，再照顾家人。作为妈妈，一定要学会先斟满自己的杯子。少一些感性的烦恼，多一些理性的思考。慢慢修炼，让自己成为一个有情感、有温度，但不情绪化的女人。

2.不要马拉松式地工作，要冲锋式地工作

在职场，有些人突然生病了，或者离职了，大多是因为在运用马拉松式的工作模式。很多人因为工作有压力，或者创业有压力，就会一直要求自己很努力，从而进入一个马拉松式的连续运转状态，一直工作、一直工作，这样很容易耗尽自己的能量。

我比较认可的工作方式是：冲锋式的工作方式。每冲刺一个阶段休息一下，再冲刺一个阶段再休息一下。这种冲锋式的工作状态，效率会更高。

拿我来说，我每工作 50 分钟，就会休息 10 分钟，做一些补给能量的事情。比如嗑瓜子、吃点东西。

直播前，或者拍短视频前，我会眯一会儿，这样状态会很好。

冲刺的时候，我会给自己留出整块的时间。我会拒绝一心多用，专注于一项需要关注的工作，越专注，我的效率就越高。

每做完一个大项目，或者这个项目做得非常棒，我就会立马给自己一个大的能量补给，例如出去旅游一次、给自己买个礼物。

每年朵拉的暑假、寒假，我一定会提前安排好，休息一段时间陪她；或者是团队一起安排好旅行办公，让大家都带上孩子，一半的时间办公，一半的时间旅行。

在这里，特别要提醒的是，如果你是管理者或者创业者，更要注重自己的能量管理，因为你的能量不仅会影响自己的状态，还会影响下属、员工的状态。

很多时候我们会发现，当一个人状态不好时会使用很多情绪性的句子。有时候一位管理者骂了下属一个小时，下属紧张得完全理解不了领导说的内容，最后回给领导一句："领导，你到底要我干吗？"

曾经有一次我跟下属吵架，我特别凶地对他说："你现在跟我去老板办公室，告诉老板，要么开掉你，要么开掉我，看看老板开掉哪个？"是不是很夸张？后来我懂得了能量管理，开始做出调整。如果我讲了很多，下属还是不明白的话，我就把每个内容拆解给他看，然后让他复述。如果我自己能量值特别低，讲不下去了，就立马按下暂停键："让我们休息一下，你好好想想，一会儿我们再来讲。"

那么，接下来请你也建立起自己的"冲锋式工作清单"，并按照清单去执行。你需要采取冲刺、放松，再冲刺、再放松的模式，然后把它转变为一种固定不变的习惯，从而建立起稳固的能量调节机制。以下可以作为参考，实践中不仅限于此：

每工作 50 分钟，停止工作 10 分钟，并做一件能量补给清单上的事情；

做事情的时候要专注，如果有需要，主动给自己创造一个隔离环境，比如手机设置成飞行模式、找个会议室、去咖啡厅写方案；

每做完一个大项目，就做一个大的能量补给（旅游、吃大餐等）。

3. 系统设计一整套能量提升方案

在创业的第二年，我发现我给自己体能上的能量补给真的太少了。精神、思维、情感各方面都挺好，体能却跟不上，如杨天真女士所说："总嫌弃身体拖累了大脑和灵魂。"

反思我的生活方式后，我发现我是一个特别不健康的人。每天睡得很晚，爱吃垃圾食品，又不爱运动，脸上还长了很多痘痘，这让我很心烦，我的能量值也因此变低。

再去看我的能量补给清单，我才意识到我的能量补给方法中，正确的体能补给是非常少的。这时，我决心给自己做一个体能补给方案，包括多吃素食、晚上 12 点前睡觉、每周做一次精油按摩等等。我甚至飞到大理，每天和邓哥一起坚持绕着洱海快走几公里，偶尔还会去深山徒步，看美丽的星空和日出。调整了大半年后，我减重了近 20 斤，皮肤也变好了，身边的朋友都说我变得更年轻了。

所以，如果你的能量值在一段时间里面都处于低迷状态，你需要做的不只是列出能量补给清单，还要为自己定制一整套能量补给方案，并把方案细化，确保可以实施。

如果体能不足，你需要的是一个体能能量补给方案，包括早睡、运动、饮食等内容；如果思维能量不足，感觉自己缺乏创新能力，工作思路跟不上，这时候要给自己安排一个学习方案，看书、听课、认识优秀的人，都可以；如果是精神或者情感能量不足，同样也可以对应前面内容，来做能量补给方案。

比如，我之前有位下属因为情感能量不足影响了工作，我给他做了一次调整。

他工作特别忙，自己在深圳，老婆孩子在厦门，长时间没空回家。孩子马上要上高中了，他自己和小孩的状态都特别差。

有一天他突然提出要离职。他辞职的原因不是找到了更好的公司，而是自己的状态不好。我就跟他分析为什么状态不好，一点一点帮他剖析，发现他的情感能量不足，家庭出现了很大矛盾，他不知道如何处理。因为自己状态不好，和下属们的关系也出现了问题。

于是，我就给他制定了一套方案：无论多忙，每月要回家一趟；每天要跟儿子视频；每半月把家人接到深圳住几天；工作上，因为他个性很强势，不太会把难处告诉下属，我就要求他必须跟下属同步信息，告诉下属他的家庭困难是什么，让他的下属们在他回家的时候及时补位。

我告诉他："这就是你的能量提升方案，如果做好了，状态就可以好起来。如果尝试一个月有效，你就不要离职了。"

果然，他的状态很快就好起来了，我也因此留住了一个对公司很重要的中层管理者。

从上面两个案例中我们可以看出，一套好的能量补给方案甚至可以帮助一个人度过人生低谷期。爱自己就要了解自己，当发现自己处在某个无助状态下时，请立刻为自己设计一整套能量提升方案。比如，当你确定你的能量补给应该来自运动，就要去想如何培养运动习惯。你要做什么运动，买什么运动器材，跟谁一起运动，如何鼓励和奖励自己。而如果你的能量补给源泉来自家庭，你就要去想，你要做哪些沟通，要在家庭当中增加哪些仪式感，时间如何腾挪，如何花时间去陪孩子和爱人。

总之，要把它梳理成一个完整的方案，然后去实施，确保你搞得定。不然能量值已经很低了，还要去改变自己，会很辛苦的。

有人专门统计过一个特别有趣的数据：一个人一天要做多少个决定？10个？20个？100个？1000个？答案是：你一天要做3万多个决定！从早上起床，你想什么时候起，先刷牙还是先洗脸，牙膏从上面挤还是下面挤，这都是在做决定，直到睡觉。在3万多个决定中，90%以上你是在无意识状态下完成的。而我们的能量，在一整天中都会不知不觉被这些细碎的选择、决定、行动和反思不停撕裂、拉扯……如果我们不具备能量管理的能力，势必会在日复一日繁杂的生活中一点点耗尽能量。

最后，一定要记住，请管理你的能量，而非管理你的时间。好的能量状态，能够让你在一切困境中按下人生的重启键。

本节小结

1. 作为妈妈，一定要学会先斟满自己的杯子，爱满则溢。

2. 对能量有觉知，用冲锋式工作方式，而非马拉松式工作方式。

3. 爱自己就要了解自己，为自己设计一整套能量提升方案。

测一测：你的能量状态如何？

你可以根据下表选择符合自己的情况进行能量测评，也可以扫码关注"王不烦来了"公众号（见P020），回复"能量自测表"获取电子版测试以及深度能量解读；回复"能量管理课"，即可获得1节能量管理精华课程。

第四章

加速：行动起来吧，女人们

第一节　提升协同能力，让自己少走弯路

请你带着这些问题阅读：

1. 你是别人眼中的"理想主义者"吗？

2. 什么是协同力？

3. 协同力统筹的四个要素都包括什么？

不知道你身边有没有这三类人：

第一类：他们有远大的梦想，也很喜欢跟身边人表达自己有多热爱这个伟大的梦想，他们的深情讲述甚至打动了很多人，以至于大家都认为他就是成大事的人。可是，他们只顾仰望星空，却从不着手去实现眼前一个又一个的小目标。于是，他们成了别人眼里的"空谈理想主义者"。

第二类：他们有着清晰的短期目标，并且把计划和行程安排得非常出色。每天早上醒来立志今天要干成几件至关重要的

大事，可眼看时间一点点流逝，却迟迟不知如何入手，以至于直到睡觉才发现，今天又是毫无进展的一天。于是，他们成了"眼高手低的代表者"。

第三类：他们的行动快准狠，当大家还在犹豫的时候，他们就早早地入局，走在所有人的前面了，遗憾的是，他们往往由于一时没有取得成果或过程中出现波折就过早放弃了对目标的追逐。于是，他们成了别人口中"起个大早却赶了个晚集的人"。

看到这里，有没有觉得这样的人身边比比皆是，甚至包括我们自己？

诚然，能够站在金字塔上的人实属少数，很多时候，作为普通人的我们，只能自责于自己的能力不行，努力不够，时运不济。

但是，今天我要告诉你们一个你们从未听过的观点，一个关于成功的秘密：

纵观国际著名的富豪，比如比尔·盖茨、埃隆·马斯克、乔布斯，以及对世界有杰出贡献和有卓越才能的大人物，比如屠呦呦、袁隆平、斯蒂芬·威廉·霍金……他们除了是长期主义者以外，还具备一种非常重要的能力，那就是协同力。做普通人还是站在金字塔尖？协同力在其中往往起到关键作用。

这种能力，本质上是对自己获得一个成果全过程的洞察和理解，我把它称为"愿力—目标—行动—成果"之间的协同力。

被誉为全球第一CEO的杰克·韦尔奇非常推崇协同力，他曾经在《商业的本质》书中讲道："众多企业沉迷于执行力神话时，协同力的理论与实践告诉我们，企业只有打造了协同力，才能产生真正的团队，才能谈得上执行。"杰克·韦尔奇向来以协同力管理公司而闻名。而今天，你同样可以用协同力来管理你自己。商业需要打造闭环才能盈利，个人同样需要闭环才能成事。协同力，就是我们的成事闭环。所以，搞不成事情，先去想想，你是不是没有成事闭环？

是不是感觉耳目一新？别急，下面的内容更有意思。

在讲个体协同力之前，我先解释清楚愿力、目标、行动、成果4个要素。

愿力，决定着一个人究竟能抵达什么样的终点。也就是说，你要去哪里以及为什么去。完成一项使命，对你而言意味着什么？

目标，是你的阶段性目的地，把愿力拆解成不同阶段的目标，全部完成之后就到达了终点。

行动，是指我们把目标一个一个实现的过程，其中包括思考、探索、沟通和实践等。

成果，是我们通过行动获得的一个个阶段性结果。

在我们获取财富的路上，愿力、目标、行动、成果缺一不可，少了任何一个都不能形成闭环。无论是完成一件大事还是小事，都需要具备这 4 个要素，而协同力就是把这 4 个要素之间衔接顺畅的能力。只有拥有协同力的人，才能够把愿力、目标、行动、成果一步一步落实成功。所以你就会明白：

"空谈理想主义者"其实是不会将愿力拆解成一个一个的小目标，用目标、行动和成果去协同愿力。

眼高手低者其实是缺乏行动力，没有行动的愿力。当然，也许是因为缺乏愿力，以至于没有足够的动力驱使他将整个过程协同起来。

"起个大早却赶了个晚集的人"没有意识到成果是可以被"迭代"的，成果只是成事闭环中可不断迭代的一环。放弃成果的迭代，闭环就会被打破，因此很难到达成功的彼岸。

现在理解协同力了吗？我再给你打个比方。

假如你要开一辆车去某个地方，那么协同力就是让这个车的所有部件互相匹配、相互作用的能力。也许这些部件不一定每个都足够好，但至少是匹配的，是可以互相作用的。不懂得协同的人，就像一辆汽车配一个飞机的轮子，就算飞机的轮子再好，装在汽车上也无法发挥价值。懂协同力的人呢，他不会妄想通过提高某一项要素来获得额外的成果，他深知这个过程是一个系统，在系统搭建的过程中，他要做的是不断穿梭在愿力、目标、行动、成果之中，做一个检查统筹的老师傅，做一个协调的织网者。

如杰克·韦尔奇在《商业的本质》一书中所说："一旦我们工作中具备了协同力，我们就不会再走弯路，而会一往无前，过程中的痛苦也将烟消云散。"因此，提升个人的协同能力，是一个人追求财富的必备能力。

本节小结

1. 在我们获取财富的路上，愿力、目标、行动、成果缺一不可，少了任何一个都不能形成闭环。

2. 协同力就是把愿力、目标、行动、成果这四个要素衔接顺畅的能力。

3. 我们要学会将愿力拆解成一个一个小目标，用目标、行动和成果去协同愿力。

第二节　被低估的愿力，比能力重要多了

请你带着这些问题阅读：

1. 试着探索一下自己有什么样的愿力（无论大小）？

2. 如何通过"不愿意"来修炼自己的愿力？

3. 愿力和利他、财富之间是什么关系？

我生长在一个重男轻女的家族里，所以从小就经历了很多不公平的事情。

还记得小时候过年，我奶奶给所有孩子准备了红包，表哥一个，表弟一个，堂哥一个，我弟一个，当然我也有一个。小孩子能有什么坏心思呢？可当他们拿着一张张蓝色的钞票在我眼前扇来扇去的时候，我才发现自己手里这张颜色和他们的不一样。原来奶奶给了他们每个人 10 元，只给我装了 5 元。

后来有一年，我发现我的红包里装的是 10 元，我简直开

心坏了，霸气地把 10 元的钞票甩在他们面前，可这一次，他们甩出了 20 元。原来，是行情涨了。

还记得那一年，我好不容易考上了博士，我特别开心地回到老家，可当我奶奶听到了这个消息，很冷漠地说了一句："女子无才便是德，你读那么多书干什么？"看着眼前这个耄耋之年的老人，我眼里噙着泪水却无力反驳，一肚子委屈。

上班以后，作为 HR 的我深刻洞察到这样的事实：在公司里，女孩子再努力，她们的分量也总会比男孩轻。即使男生在偷懒，领导手里有活大多会交给女生，谈重要项目的时候又只会想到男生。领导好像天生认为女性必然平衡不了事业和家庭，是个潜在的麻烦。

我在一家上市公司用 5 年时间从普通员工升为人力资源副总裁，这一路，没有人能比我更能深切体会女性在职场中遇到的不平等和艰辛。

可是，当我的女儿出生后我害怕了，我好担心啊！我担心朵拉长大以后会像我一样，需要付出那么多的东西才能得到她想要的。我担心刚刚出生、正在长大的女孩儿们，今后即使她们做了再大的努力和贡献，身边还是会有一双怀疑的眼睛。不行，我要让我的孩子，我要让所有的女孩子都生活在没有性别歧视的世界里，我要所有女性都得到充分的尊重、平等的机会和公正的待遇。所以，我创办了"妈妈不烦"。

我希望它是为华人女性提供所有社会支持的一张网，这张网会帮助女性拥有独立的经济能力，拥有选择生活的权利。当女性力量得以崛起，这个世界才会改变对女性的偏见。

这就是我的愿力，这就是"妈妈不烦"的愿景。我宁可放弃 400 万元年薪的舒适生活机会，也要坚定地去做这件事情。而"妈妈不烦" 2 年时间就帮助了超过 50 万女性，仅凭我一人之力是不可能做到的，这都源于"妈妈最懂妈妈，妈妈帮助妈妈"这份心，是妈妈帮助了妈妈，是大多数妈妈把我的愿力当作他们的愿力去追随。

比如，和我一起经营河南市场的景洋老师，我们第一次见面时，我用了不到 10 分钟介绍了我想做的"妈妈不烦"这份事业的初心，听完后她一晚上没睡，给我画了一张"妈妈不烦"业务版图鱼骨图，她老公开玩笑地说："自家的公司都没见你这么操心。"后来，她成了我们河南市场的负责人，从只有 13 名学员经营到现在上千人。写到这里，我想起了很

多人，大学教授郭熹微老师、退休妈妈英雄姐姐和柔柔姐姐、
3 个娃的创业妈妈牙一诺老师、一直在成长的小 Q……当梦想
只是一个人的梦想时，不一定会实现，但如果这个梦想变成
一群人的梦想，那是一定会实现的。

愿力，往往是一个人创造价值的初心，不只是为了自己，更
是为了利他，为了让世界变得更美好。一个大格局的愿力，可以
让比自身优秀很多倍的人才主动靠近，能使众人聚，能使众人行。
愿力越大能量越大，能量越大，它所创造的价值就会越大。

我常常在"王不烦来了"公众号上分享这样的观点：为天
下人者，天下人助之。西方学术圈近些年一直在研究"企业社
会责任"，研究如何让一个企业同时兼顾经济价值与社会价值。
这件事本该被重视，但却被一些人在逐利过程中，为了财务报
表上每年数字的增长而忽略了。人们忘记了创业的初心，甚至
捆住了自己的思想。其实，创造财富最重要的，是以利他之心
发出愿力，如果这个愿力是对的，很多资源自然会涌过来。且
在日后经营中，创业者也要守住初心，让它持续成为自己和团
队的创新原动力。财富就像管道里的水，如果管道狭小，流过
去的水是不会多的。你聚焦的是小钱，它来的就是小钱。当你

变得更加开放，更加大气，更加通透，你为更多人着想，那么你的"管道"就会越来越宽广，财富自然会越来越多！

终其一生，我们只是一条管道，向上承接，向下给予，而财富，只是我们人生路上的小风景。不要为了钱去做事业，永远记得事业背后的公益心。当我们拥有大格局、大愿力，你所见到的风景必将是多数人没见过的人生。

那么，我们怎样才能找到愿力呢？

1. 愿力往往来源于你与众不同的经历、观点

人生的愿力往往来自你的个人经历。你对人生某些事情的看法与其他人有所不同，于是你会很执着地希望通过做某件事情来改变这个世界。

我之所以对帮助妈妈追求和实现自我价值这件事情有执念，是因为我小时候的遗憾。所以我对女性总是会更多地给予耐心和帮助。慢慢地我明白了，帮助天下女性追求和实现自我价值就是我的愿力。

你可能会说，你可能干不了那么大的事情，小事情会不会

有愿力呢？当然。

一位厨师，他想着通过食物治愈每个难过的人。

一个服务员，他想用他的服务让每个人都快乐地享受餐饮时光。

一个老师，他想发掘和看见每个孩子的潜能。

一个司机，他想把每个乘客安全地送到目的地。

也许你会说这不就是他的工作职责吗？但事实上，每个能够用心地完成自己工作的人，就是有愿力的人。也就是找到使命感时，你会充满无限的力量。

这里我给你们分享一个"使命感知清单"，每一点都可以反复体会，从这些观点中去内观自己，找到你的愿力：

你对某一个特定的问题或主题感到非常沮丧或者难过；

你强烈地感受到自己改变他人的可能性；

你感觉到"这件事是我应该做的"，或者感觉到自己被分派了这项任务；

做这项工作让你觉得自己是特殊的，感受到罕见的意义、正确性和巨大的能量；

这段旅程本来就是奖励。

诺贝尔文学奖获得者约翰·马克斯韦尔·库切曾经说过："你内心肯定有着某种火焰，能把你和其他人区别开来。"找到它，使命感将是最大的商机。

大家都听过修教堂的故事吧。说的是有两个青年在抬石头修教堂，一个智者问他们："你们在做什么呀？"一个青年告诉他"我在抬石头"，另外一个青年则说"我在修教堂"。50年以后，说抬石头的还在抬石头，说修教堂的已成了哲学家。

这说明什么呢？说明即使在做同一件事情，找到愿力与否能决定一个人的命运，愿力的一念之差使行动和结果千差万别。

2.修愿力的方法：勇敢面对你的每一次不愿意

当我们找到自己的愿力之后，一定会面对很多艰难的时刻，这个过程，就是修愿力的过程。在这里，和你分享一个很好用的修愿力的方法，就是勇敢面对你的每一次不愿意。比如：

一个餐厅服务员，遇到了一个不尊重自己的人，自然会有情绪："我才不想给你这样自大的人服务呢！"于是，他可能在服务别人时脸色非常难看。

可如果他是个有愿力的人，"我要让每位客人享受餐饮时光"，于是他可能会想："他也许只是今天不开心，可能正需要这顿饭来让自己变得开心呢，或者他就是自大的，那我也要通过我的服务，让他明白快乐比什么都重要。"

于是，这个服务员仍然能够愉快地给对方点菜、上菜，带着笑脸真诚地问对方："你还需要什么吗？"他甚至还给对方准备了一份小礼物写上温暖的文字，希望他拥有美好的一天。想象一下，结果会怎样？我想这个客人也许被治愈了，而这个服务员也成为大家眼里一个有魅力的人，一个有愿力的人。

如此，把每个"我不愿意"变成"我愿意"，把每个"我不敢"变成"我怕，但是我愿意"，把每个"我不行"变成"我是能力不够，但是我愿意"，把每个"我亏了"变成"这样我是亏了，但是我愿意"……当你修到任何有意义的事情都愿意，慢慢地，你就变得越来越有力量，你的能量就能带动很多人，你就能完成很多很难的事情。

《了不起的盖茨比》的作者菲茨杰拉德说过，一流的智者能够同时在脑中持有两种相反的想法,但仍然能够保持行动力。每个人脑海中都会如此,当你想到目标的时候,你想行动;当你想到困难的时候,你想停下来。这两者一定会打仗。要是普通人就停下来了,什么叫杰出的人呢?就是一边打仗,一边往前走,这就是修愿力的过程。

可能有些人会说,我不想成为有愿力的人,因为他们看起来比别人辛苦。但是真正拥有愿力的人,尽管一路上会付出比别人更多的努力,但却是最幸福的,因为这种价值感是独特的。根据马斯洛的需求层次理论来分析,愿力满足的是一个人的最高层次的需求,叫自我实现需求,它超过一个人对生理、安全、归属和尊重的需求。愿力给一个人带来的能量补给是最高阶的,也是最快乐的。

没有斤斤计较,没有恐惧害怕,没有算计阴谋,只有一句"我愿意"。这样的人快乐又有力量,最终就很容易成为"快乐的有钱人"。如尼采说的:"我们之所以能容忍生活当中的每一天,是因为我们知道我们的人生要过成什么样子。"

本节小结

1. 协同力就是把你的愿力、目标、行动和成果协同起来的能力，一个赚钱厉害的人，可以任意穿梭在这个过程中，在不同阶段扮演好不同的角色。

2. 愿力往往是一个人创造价值的初心，有了利他之心，才可能会有财富的到来。

3. 愿力，就是最大的生产力。当你找到愿力时，你会拥有无限的力量。

参加读书笔记大赛，瓜分现金奖励

你有愿力吗？你的愿力是什么？是如花婆婆那样，在小镇的教室边、小路旁、海边种满美丽的鲁冰花，做一件让世界变得更美丽的事？还是和老王我一样，想要通过自己的努力影响他人，帮助他人，从而一起改变这个世界？你是哪一种呢？欢迎写下你的愿力故事。

同时，扫码关注"王不烦来了"公众号（P020），回复"读书笔记大赛"参与投稿，一起来瓜分 10 万元现金奖励吧！还可能获得"妈妈不烦"读书会的一个参与名额噢！

"妈妈不烦"读书会聚集了一群勤奋好学的妈妈，我们每个月会有不同的活动主题，比如商业创业、亲子育儿、心理疗愈、文化文学等。每周会邀请两位不同领域的专家带着他们的作品来给我们分享专业知识和心得感悟。扫描"王不烦来了"公众号二维码参赛投稿，来"妈妈不烦"读书会链接各行各业的大咖吧！

"妈妈不烦"读书会日程安排

周四	周五	周六	周日	周一	周二	周三
进群日 书友们线上见面交流，找到同频的书友，结伴同行	**领读分享日** 专属的领读官带领大家用一种新视角拆解本周好书			**好书推荐日** 直播间连麦大咖，各个领域专家分享	**好书推荐日** 直播间连麦大咖，各个领域专家分享；书友线上复盘会	**财富答疑日** 教练帮你解答获取财富和幸福生活路上的卡点

第三节　你不用特别勤劳，但一定要足够专注

请你带着这些问题阅读：

1. 看看自己的愿力可以拆解为什么样的目标？

2. 当下这个阶段，你最重要的目标是什么？

3. 你打算为重要的目标分配多少时间？

当我们找到愿力后，要把愿力拆解为目标，并付诸行动。这时候，往往会出现两类人：

一类人是只有愿力，没有目标和行动，改变的痛苦注定只有少数人才能承受，若等准备好了，有了力气再行动，这跟吃饱了再减肥有什么区别呢？

一类人有愿力，但目标太多、太乱，每天忙得不可开交，可很多事情都只做了表面功夫，没有抓到根本，或者真正重要且困难的事情总是完不成。

总之，这两种情况都可以靠协同力来调整。

那么，在协同的过程中，一定要谨记以下两点。

1.真正重要的事情只有一件

我创业的时候，很多人会告诉我很多事情都特别重要：

资本很重要，有了资本的助力，就脱离生死线了，你才能从容地做事情；

流量很重要，有源源不断的流量到来，你才能持续做大做强，要么你有一个会广告投入的团队，要么你要学习如何通过内容获客；

产品很重要，好产品才是王道，产品越精细越好，因为只有这样，用户才能足够满意；

团队很重要，好的团队才能把事情做成，好的团队才不会累死创始人。

天哪，我听完之后，完全晕了。如果这些事情我都能做到，那我一定不是一个初创公司了。

于是，我不停地问自己，到底哪些事情是当下最重要的。

思前想后，我终于想清楚了，找准用户需求在第一年是最重要的，因为需求对了，才意味着我找到了一个好市场，我才可能把业务做得足够大，才能引进好的团队、好的资本，我也才有钱来买流量。

第一年，我没有融资，也没有做任何广告投放，没有找渠道合作，没有做品牌宣传，我只专注做了一件事情：不断地调整产品，验证用户的需求是否得到满足。

因为我们的极度专注，创业的第一年，我的 7 人团队（当然，这 7 人并不是当时市面上最厉害的大咖们）创造了 2000 万元的收入。那一年的年会上，我告诉小伙伴，需求验证成功是我们今年最大的成果，也是唯一的成果。

在开始做事情之前，我们一定要先想清楚，这个阶段，我们最重要的目标是哪一个，一次只能锁定一个目标，千万不能贪心，不要这山望着那山高。尤其当你是一个创业者时，你的团队还不够大，资源也有限，就更不能眉毛胡子一把抓了。

那么，如何从众多的目标里找到最重要的目标？你要做的就是：把所有你想做的事情都列出来，然后一项一项地对比，删除那些不重要的，直到只剩下一个目标。

到现在为止，每次我和团队一起开年度战略会，我都会安排团队成员每个人列出这一年自己应该做的事情，然后问他们一个问题：今年最重要的事情到底是什么？我们反复讨论3天，决定哪几件事情最重要，然后把这几件事情列为我们的年度核心工作目标。

2.给重要的事情分配整块的时间

《身为职场女性》（萨莉·海格森，马歇尔·古德史密斯著）一书中说到这样一个观点：女性的敏感度和同理心天生高于男性，她们就像每天都背着一个雷达在身上，可以同一时间段扫描多件事情，但专注力会受影响，精力被分散太多。因此，在行动中，女性最重要的就是把目标简单化，人就会自然而然地变得比较清爽，不会那么迷茫和混乱。

没错，我要给你们的建议就是：给最重要的目标分配整块的时间。如果你想集中注意力，就要不停地对那些你期望完成的事情说："是的，我喜欢你，我给你时间。"让这些事情占据你绝大部分工作时间，慢慢地，你会发现你变成了一个极度高效和充满激情的人。

作为公司的管理者，我时常会选择一周中的某半天不去公司，特意把整块时间用来专注地完成一件我认为本周最重要的事情，杜绝一切干扰。我特别喜欢深度工作的感觉，因为会进入一个心流的状态，沉浸其中，非常高效。

比如这次写书，我知道这是我 2022 年最重要的一件事情，我告诉团队：我需要"闭关"一段时间。于是，我买了机票，带着一堆素材，从深圳跑到大理来，每天在洱海边写作。我的时间表是这么安排的：

7:30—13:30，专注写作；

13:30—16:00，吃中饭 + 逛街 + 睡觉；

16:00—20:00，继续写作。

就这样，每天专注 10 个小时，平均每天产出 8000 字。

就这样，我在洱海边待了不到一个月，完成了本书的初稿。

很多人觉得工作的时候应该有所保留，免得"老板赚了，自己亏了"。但是，你保留下来的才华只会因为你的私心成为一堆废材，因为只有那些能进入心流、不断开发自己的人，才能一次又一次达到人生新高度，而那些省着用自己的人，只会变得越来越弱。就像游戏高手，每一次战斗都会获得升级，每次升级都会迎来更高阶的自己。

如同《深度工作》（卡尔·纽波特著）这本书中的一句话：一个人的身体或大脑在自觉努力完成某项艰难且有价值的工作过程中达到极限时，往往是最优体验发生的时候。

只要你找到自己的愿力所在，并将其拆分成一个又一个小目标，再把目标拆解成可实施的行动，给自己专注的时间去完成足够单一的目标，并且用协同力协同整个过程。相信我，在实现自我价值的路上，你一定可以走得更远，也会更快乐。

本节小结

1. 我们最重要的目标是哪一个？一次只能锁定一个目标，千万不能贪心。

2. 把所有你想做的事情都列出来，然后一项一项地对比，删除那些不重要的，直到只剩下一个目标。

3. 只有那些进入了心流、不断开发自己的人，才能一次又一次达到人生新高度。

参加读书笔记大赛，瓜分现金奖励

你需要深度复盘自己的一次失败经历，看对自己的目标和行动有什么启发？再深度复盘自己的一次意外成功经历，看对自己的目标和行动有什么启发？写下你的复盘过程，关注"王不烦来了"公众号（见P020），参与读书笔记大赛投稿吧！一起来瓜分10万元现金奖励。并且，优质的读书笔记不仅可以发表在"王不烦来了"公众号上，还可以获得"妈妈不烦"读书会的一个参与名额！

第五章

飞跃：如何做出自己的品牌

第一节 做好个人品牌，10 倍放大你的潜在收益

请你带着这些问题阅读：

1. 计算一下，当下自己一天能赚多少钱？

2. 给自己定个目标，当有了个人品牌，一天能赚多少钱？

3. 为了实现上面的目标，你最有可能打造的个人品牌是什么？

有一个特别有趣的段子是这样说的：

男孩对女孩说："我是最棒的，我保证让你幸福。"这叫推销。

男孩对女孩说："我老爸有三处房子，跟了我，以后这些都是你的。"这叫促销。

女孩并不认识男孩，但身边所有人都对他夸赞不已："那个男孩太棒了，人品好，家世也好，谁要是嫁给他，简直是有福了。"于是她有点想认识他。这叫个人品牌。

这一章，我要跟你分享创富路上的一个重要杠杆：打造个

人品牌。记住，自媒体时代最重要的生存法则就是：建立个人品牌，让你的名字更值钱。

在企业界，可口可乐的老板曾经说过，就算有一天把可口可乐的工厂全部烧了，只要有"可口可乐"这个名字，我随时可以东山再起。云南白药，这个中国云南的本土企业，就凭着云南白药这个品牌建立了跌打损伤的膏药、喷剂、创可贴、牙膏等产品，打败了很多老牌的国外企业。这是公司品牌的价值，品牌无疑是一家公司最重要的无形资产。

于个人而言，你的名字亦如是。珍惜你的名字，传播你的名字，在这个时代，任何个体都可以拥有个人品牌。在我身边，很多普通人因为打造个人品牌，收入有显著的增长，当然如果你是一个比普通人厉害一点点的专业人士，那就更好了，个人品牌就是你专业最好的放大器。这就是个人品牌的魅力，如果你掌握了打造个人品牌的心法，一定可以 10 倍放大潜在收益。

1. 专业是你的基础，个人品牌则是你的放大器

说起个人品牌你的第一反应是什么？大部分人的反应，无

非就是下面两种：

第一种："那不是专家、大 V 才有的吗？像我这样的普通人怎么能做个人品牌呢？"

第二种："个人品牌不就是写几篇文章，一天到晚到处演讲吗？不用心搞专业，整虚头巴脑那一套……"

诚然，很多人对打造个人品牌并没有建立正确的认知。

受"人怕出名猪怕壮""树大招风"等各种思想的影响，再加上女性天然地喜欢低调，我曾经对个人品牌也不屑一顾，一度走了弯路。我用五年时间从普通 HR 打拼成为一家公司的人力资源副总裁，公司的业务很快被我捋顺，每天上班两个小时一天的活就干完了，下班回家吃完晚饭后还能看《新闻联播》。

于是，我决定出去发展一份副业。我找到了一位讲师经纪人，想让她帮忙介绍一些企业培训的机会。毕竟我在理论上有博士学位支撑，又担任过两家上市公司的高管，这专业背书在讲课上还是很有优势的。

结果，她看完我的简历后，漫不经心地说："根据你的简历来看，大概一天 2 万元，但有没有人找你就不知道了。"听完她的话，我非常受打击。

在我看来，我这样的学霸，工作还干得这么出色，不应该是企业主们都想要的"香饽饽"吗？

看着我一副受挫的表情，她解释："因为你没有知名度啊，客户不会点你的名。你看其他人，他不一定有你专业，学历也不一定比你高，但是他有名儿啊，客户说了非要他，他说：'排期不行，加20万'，'行！'客户马上加20万去请他。"

一番描述后我清醒过来，我第一次栽在了知名度上。那是我第一次意识到"个人品牌"的重要性。酒香也怕巷子深，实在不幸的是，这次我就是那瓶卖不出去的陈年老酒。

说到这里，很多人应该和我一样经历过类似的打击。

你去谈客户，明明你更专业，可是客户先见了那个更有名的人；

你去找工作，明明你更厉害，可是雇主先面了那个圈内更有知名度的人；

你想去创业，明明你更有经验，可是资方把钱给了那个上过杂志媒体的人。

这一切的背后不是你技不如人，只是因为"他比你有名"。我们真的甘心输给比自己差的人吗？并不甘心。

那一次见完经纪人后，我想，既然我已经错失了好几年做个人品牌的机会，现在我一定要赶紧想办法了。于是，我开始出现在各种论坛上，从做一个听众到自己去演讲、分享，各种折腾。后来，我又结识了一些自媒体圈子里的名人，他们告诉了我如何经营自己的个人品牌。

受到他们的启发，我开始做课程：

我成为《奇葩说》团队创作的课程"职场 B 计划"的课程内容顾问；

我与业内头部 IP 合作做了一门讲授升职加薪的课程，一夜之间成为这个行业的现象级事件；

我又独自开发一门管理课程"王不烦的实用管理学"，借着当时知识付费的红利，这门课程一夜就卖了 3 万份。

课程卖爆了，我也在互联网名师排行榜排到了第 23 名（我听到这个消息的时候，都怀疑这个排名的客观性，但是我真的一分广告费也没有出）。

这时候，终于有人来请我讲课了。

我随便报了个价格："10 万吧？"（反正我正好忙，并没有档期，就想着对方不同意就算了。）这次，对方一口就答应："好的，马上转账。"

这一切恍然如梦，我还是那个我，什么都没有改变，就因为有了知名度，身价突然上涨，从一天2万变成一天10万，我第一次被知名度的威力震撼了！

深刻学习了这门课之后，无论是在接下来的副业还是创业中，我都有意识地去做一件事情，就是打造个人品牌，也可以理解为打造个人影响力。当你有了个人品牌，你的个人影响力变得很大、势能和知名度比普通人高很多的时候，你会发现做事情也变得容易起来了。比如，我现在做"妈妈不烦"会比很多普通创业者速度快很多，正是因为我之前所积累下来的不错的个人品牌。

当然，反观我走过的弯路，你能看到我快速做出调整、打造个人品牌并因此收益，可现实中很多女性，并没有真正意识到打造个人品牌有多重要。

2. 尽早做个人品牌，让你的才华和财富相匹配

熟悉我的人都知道我很喜欢跑到大理去待着。

有一次，我在大理遇到一位民宿女老板，她简直就是位才女，会弹古琴、会画画，书法造诣也很高，可以说琴棋书画无一不通，艺术水准了得。住在她的民宿里，我常常惊喜于充满艺术之美的每个小角落。我满眼崇拜地对她说："像你这么'宝藏'的女老板，真可以把个人品牌做起来，如此有才华的女子应该会有很多人喜欢，继而提高你民宿的曝光率，生意肯定比现在好！"

我还没说完，她慌忙摆手："不行不行，我这就是自己玩玩，离做个人品牌太遥远了……"

于是，她的民宿一直做得不温不火。后来，因为疫情，民宿很快就转让出去了。

每每路过那家民宿门口，我都忍不住叹息。

据我观察，很多女性都有这个问题，总是觉得自己不够好、不够完美、不够大咖，因此总是没有开始。这让我想到，被称为全球最成功的女性之一的脸书（Facebook）首席运营官谢丽尔·桑德伯格，在她所著的《向前一步》一书中提到了"冒充者综合征"的观点，她认为女性往往有能力却自我怀疑，会觉得自己并不配得到现在的地位和角色。

作为一名资深的 HRVP（人力资源副总裁），在职场中我深刻地洞察到这一点：很多女性习惯于低估自己，没有做到 100 分就不敢申请升职加薪，而男性往往不同，他们做到了 60 分就觉得自己可以当总经理。但在这个自媒体时代，名字与金钱可以画等号的时代，"酒香不怕巷子深"的执念早已落伍。你若盛开，蝴蝶来是会来，但是隔壁家聚会太热闹，它就会凑热闹去了。

不是你一定要有多专业才会值钱，不是你活干得好就能挣得多。专业是你的基础，个人品牌则是你的放大器。做好个人品牌，是 21 世纪工作生存法则。

在我所带过的员工里，杉杉是一个特别励志的小姑娘。

她是个"00 后"，在接触"妈妈不烦"的时候还是一个大三的学生。因为学会了个人品牌的打造方法，大四一年，她全凭着自己的能力赚到了近 50 万元。

怎么做呢？她说："我误打误撞地做对了一件事情，那就是每天记录，把微信生态用到极致。"

她坚持每天发 5 ~ 8 条朋友圈，一边记录日常生活，一边记录她对学习、工作和生活的思考。比如每天、每周、每个月的复盘，如果有很重要的事情，或者一些里程碑事件，她还会运用"预热—进行—总结"模式发朋友圈：

"明天就要去参加 ××× 啦，这是我第一次参加这么重要的活动，兴奋到睡不着……"

"终于到会场了，见到了很优秀的 ××× 老师……"

"3 小时的活动终于结束了，今天我收获了……"

每一天结束后，她还把今天的总结和思考写进自己的公众号里。至今，她已经坚持日更公众号 500 多天。就这样，她通过朋友圈呈现了一个有思想、有目标，每天都很积极的大学生的形象。渐渐地，她吸引了很多同龄人，甚至很多比她年长的人都在关心这个小姑娘的成长。于是，她开始把这些人引导进她的陪伴群，开启了社群分享模式。

她每天都会在群里分享自己的感悟，分享有价值的内容，给粉丝们有温度、有质量的陪伴。

她还做起了自己的短视频，比如 "一年前的我和一年后的我""一个普通女孩的 10 年""我在'妈妈不烦'的里程碑"等等。她用视频的方式记录和展现自己变厉害的过程，讲述自己身上那些不懈努力的故事。

还有，她坚持每天早上6点直播，把她学习到的商业知识、她所看的书、她的感悟都分享出来。每天雷打不动地播，播完之后，又把直播内容的文字稿发到公众号上。

日复一日，她的微信好友数不断增加，陪伴群数量在增长，知道杉杉的人也越来越多。她就靠用心服务这些喜欢她的人、陪着这些人读书、学习，靠带货、做咨询……最后，这个从农村出来的21岁的小姑娘，帮家里建了房子、还了贷款，总计赚了40多万元。

就在今天，她高兴地跟我说，她生日那天直播间的商品交易总额（GMV）突破了2万元，并且还把自己的复盘过程发到了公众号、社群和朋友圈。

你看，杉杉只做了一件事情，那就是坚持记录"一个普通人如何奋斗"，个人品牌所带来的能量却远远超乎她的想象。在这个过程中，她一边积累自己的才华，一边经营自己的个人品牌。最后，她的才华、财富终于相匹配了。

很多人总是想等自己厉害了才开始，但其实，你开始了就会变厉害。如果你要做个人品牌，不是等待最佳时机，而是明天，不，今天，今天就开始。此时此刻就是最好的时机。

3. 个人品牌的本质是创造用户心智差异点

在打造个人品牌的重要性上达成共识后，接下来我们一起来深入了解什么是个人品牌。

我们首先明确一个概念：个人品牌和所有的公司品牌一样，核心的商业逻辑都是创造用户心智差异点。

我们来看看，可口可乐和百事可乐这两个品牌有没有差异点？看到可口可乐你会想到什么？可乐中的经典对不对？看到百事可乐你会想到什么？"把爱带回家"的广告语、一家人欢乐过年的画面？这就是两个品牌的差异点，这就是它们抢占了你的心智的表现。孙子云"先胜而后求战"，品牌的战略正是如此。产品的胜负在于抢占客户的心智而非市场。同理，个人品牌和公司品牌一样，一定要创造用户的差异化心智。

那么，我所创造的差异化心智是什么？我是教妈妈听得懂的商业模式，跟其他商业课堂的老师相比，这就是我的差异点。还可以怎么理解呢？比如说：

同样是销售，销售 A 的情感比较细腻，很容易感知用户的心理变化，让人觉得跟她沟通起来很舒服，你是不是会优先选择这样的销售，尤其是有情绪问题的时候？

销售 B 很善于管教孩子，如果你是个特别注重教育的人，当你找她聊一些育儿话题时，你是不是会优先选择购买她的产品？

销售 C 经常把自己捯饬得很漂亮，那她所吸引的用户必然是想跟她一起研究时尚、穿搭、怎么精致生活的一群人。而这类客户会更愿意找她下单。

产品可以相同，岗位可以相同，用户却会因为不同的理由而喜欢你，因为不同的理由选择相信你、找你下单，这就是用户心智的差异点，它代表的是消费的差异化。因此，拥有个人品牌的人更容易得到他人的信服，从而吸引客户主动成交。相比没有个人品牌的人，有个人品牌的人的消费引导权要更大。

我们在前面讲过，商业的本质是价值创造和交换价值，要么你能够创造价值，要么你能够提高价值交换的效率。那么，在上述的例子中，当个人品牌有了差异点之后，更多人被吸引而主动成交，那交换价值的效率是不是变得更高了？是不是就带来了商业效率？这就是个人品牌商业模式的本质。

试想，当你有了知名度，你就可以获得更多的资源，有了新资源是不是会帮助你获得更大的成果？这个成果又会帮助你放大个人品牌，接着你又获得更多的资源，资源又撬动更大的成果……在这循环的过程中，你的收入、品牌、成果不断变大，你的财富是不是就变得越来越多？这就是商业的魅力！这整套循环的模式我称之为"妈妈不烦"财富飞轮，正是我为"妈妈不烦"的学员们设计的商业模式。还想要了解更多可以关注我的公众号"王不烦来了"，你们可以在上面看到很多案例。

当我把个人品牌的方法论总结下来教给了很多学员后，在"妈妈不烦"里，有人从职场上的小透明变成了畅销书作家；有人从没有一个粉丝的素人妈妈，到现在粉丝上万，在家一边带孩子一边直播也能稳定月收入过万；有的人创业无人问津，一个人活成一家公司仍然入不敷出，拥有个人品牌之后，很多行业的大咖都主动来找她合作……这就是个人品牌的力量。相信我，不管你在什么行业从事什么职业，不管你处在人生哪个阶段，通过个人品牌这个杠杆，很容易让你的收入翻 10 倍。

个人品牌是通往财富世界的一个重要通道，借由这个通道，你会发现你的赚钱之路宽了很多。专业能力只决定起点高低，思维方式却定义进阶快慢！一旦成功打造了个人品牌，你会看到更大的世界。

本节小结

1. 专业是你的基础，个人品牌就是你的放大器。

2. 每个品牌都有自己固定的区别于其他品牌的差异点，个人品牌也一样，要在用户中创造心智差异点。

3. 当个人品牌有了区别于其他个人品牌的差异点之后，你就会发现，价值交换的效率变得更高了。

第二节　小白也可以做个人品牌吗

请你带着这些问题阅读：

1. 想想自己有没有可以跟大家分享的痛点？

2. 想想平时大家来找你，都是因为你自己哪个点比较突出？

3. 想想跟自己有一样痛点的人，都活跃在哪里？

很多人会觉得个人品牌只属于那些专业好、能力强且获得了成果的人，没有任何优点的普通人，怎么做个人品牌呢？说到 IP，大部分人都会联想到电影、电视、小说、明星、网红，但其实，这是一个素人可以成为 IP 的最好时代。

越是普通人，越能代表和吸引普通人，越能给其他人以人生希望。

具体怎么做呢？送你一句话：但凡让你感到烦恼和痛苦的事情，都是你做个人品牌发家致富的好机会。个人品牌也可以属于那些本身就很普通、很烦恼、很痛苦的人，正因为他们的真实，才会吸引大家，他们的定位就是"一个奋斗中的普通人"。

小红书有很多减肥博主就是这么做起来的。她们的名字往往叫"某某某的减肥日记""某某某在减肥""某某某要瘦50斤"……

她们通常会用短视频或者图文来记录自己的减肥过程，内容的主题往往是这样的：

"170斤的我长这样……"

"170斤胖子减肥第48天，我快下140斤啦"

"已瘦32斤，分享一个减秤神器"

"已瘦35斤，减脂女孩把奶茶换成它"

"已瘦40斤，教你一个动作瘦全身"

每个视频她们都会记录上秤和运动的过程以及减重前后的对比。

从一开始的无人问津，到渐渐有三三两两网友在评论区留言鼓励，再到很多人都想要参与进来，最后好多人都被她们减肥前后的对比吸引。她们就是这样一边减肥，一边涨粉。后来，她们就开始接广告，做直播带货，慢慢就有了收入。抖音上有一个名字叫"唐宝要瘦85斤"的普通妈妈，6场直播变现了4.7万元。

雨果曾经说过："真实之中有伟大，伟大之中有真实。"并非要活成董明珠那样，才叫作个人品牌，普通女性也完全可以拥有自己的个人品牌。在日常生活里，让平凡而有力量的你被看见，给人以值得信赖的感觉，让别人看到独一无二的你，闪闪发光的你，你的个人品牌不就是在慢慢建立吗？

所以，对于素人来讲，打造个人品牌也是有路径可依循的。

1. 思考和感受困扰你很多年的事情，记录下来

这一步是发现和记录下来你现在的状态，可以用文字、视频和图片的方式把你的现状真实地记录下来。

比如说我是一个大胖子，我没有任何优点。那我要记录下我胖的样子，首先我要拍100张照片，其次我还可以记录因为胖我谈恋爱分手、面试被拒绝、被嘲笑、被别人歧视的各种悲

伤的经历。

再比如，我只是职场上的一个小白，能力特别差，还总被老板和同事嫌弃，那我也可以记录下来啊。怎么记录呢？《吐槽大会》这档脱口秀里，何广智自嘲的方式肯定能给你一些灵感，比如他说："我特别擅长吃爱情的苦，那是我的舒适区！""我穿着品牌的衣服去购物，结果被当成了店员！""还好我穷，这样就可以让大家忽略我丑的这个事实了！"……他总是会拿自己的长相、穷、窘迫来讲笑话，讲的也都是生活上的小故事，效果却意外地好，大家都喜欢上了这个"长得很随便"的普通人。

有没有觉得自己太胖的？有没有觉得自己太穷的？有没有觉得自己太丑的？有没有觉得夫妻关系不太好的？有没有觉得孩子不够优秀的？……每个人都有自己的痛点。你看，素人不也可以做个人品牌了吗？而且很有优势。因为在这个世界上，还是普通人居多。有着同样的背景和处境，有着同样的痛苦和问题，让大家知道你和他们一样。然后告诉他们："我有一套已经验证过真实有效的方法，只要你跟着我一起学习，就可以像我一样完成蜕变……"一路下来，你的个人品牌是不是就建立起来了？

所以，找到你的痛点，并记录下来，好的标签和定位能够帮助你更好地讲述你的个人品牌故事。

2. 努力改变，并把过程中的亮点用视频和文字的形式记录下来

既然你已经有一个如此痛苦的烦恼，那么是不是应该针对这个痛点做一点点努力呢？接下来思考：我要开始改变什么？再把自己改变的点点滴滴记录下来，让大家见证这个变化过程。

上一节，我写到的杉杉就是这样一个案例。她就认真做了一件事情，那就是坚持记录和输出，个人品牌所带来的能量却远远超乎她的想象。所以，找到你的标签，并坚持记录。

我的微信上有个姑娘，每天发几次朋友圈，还都是广告，但我从没动过删除她的念头，反倒从不错过她的分享。烘焙课结束了，有自己的店铺了，店铺有名字了，今日推荐红丝绒，明日宣传肉松卷，节日爆单忙个通宵，开始有固定客户了，开始会员制了，开始给办公楼送下午茶套餐了……三年间，就像在看一本故事书，主人公从一个初出茅庐的女青年，成长为一

个事业成功的女老板，靠的只是一双手的打拼，让人看得过瘾。

值得注意的是，你自己必须成长，向那个你定下的标签努力。如果有人因为你的任何一个分享受到了触动，如果你开始吸引身边的人，就说明你真的在变得更厉害，这就是个人品牌在一点一滴积累的过程。请记住，刚开始分享的时候你的内容不一定很好，也不一定有人关注，但请持续输出你的内容，一边成长，一边记录，一边分享，自然会一步一步吸引来同频的人。在这个过程中，不断优化内容，不断记录，让大家见证你的成长历程。你在种树，就不要着急摘果子。相信时间的力量，你会收获个人品牌和更好的自己。

3. 把方法转化成分享内容：短视频、直播、课程等

当你的经验、案例足够多的时候，就可以总结出一套方法，这套方法得是关键的、可以大量复制的、能够帮助别人的。接下来，你就可以把你的方法做成朋友圈内容、做成视频、做成课程，甚至直播分享出去。

比如四川有一位全职妈妈，叫安安。每天早上她把孩子送

到学校，等到下午 4 点再去接孩子放学，那中间这段时间还能做点啥呢？喜欢做美食，那就做鸡爪吧！于是，她就在家研究做鸡爪，做好了还可以出去摆摆摊赚点生活费。渐渐地，越来越多人喜欢她的鸡爪，学习过商业课程的闺蜜就建议她，为什么不开一个做鸡爪的课程，教更多和你一样的全职妈妈呢？于是，她开办了"爆款鸡爪训练营"，7 天课程，每人 99 元。她还开设了"美味变现线下课"，每位学员 5980 元，不仅教你做各种美食，还教你变现。自此，她不仅可以卖鸡爪，可以卖手艺，还可以卖自己的经验和方法，从零收入的全职妈妈成为月入 2 万元的全职妈妈。

除了安安，还有很多人都在把自己的内容以各种形式分享出去。

比如辞去大学老师工作的全职妈妈南南，把自己的专业和知识以直播的形式分享出去，并且记录自己从小白到坚持完成 100 场直播的蜕变过程。而且，由于她的直播内容质量非常好，她把 100 场直播的视频和资料打包，卖给有需要的企业和个人，收入跟做大学老师时相比翻了一番。

比如某老师是有着 20 年从业经验的心理学讲师，她利用心理学专业打造个人品牌，不仅录制了自己的课程，还开展了线上训练营，将课程和社群结合，从而获取流量，实现变现。

当然，还有我，我曾经把自己的人生故事拍成一条短视频，在"王不烦来了"视频号上传后，播放量超 1400 万次。如果你想要打造带人设的爆款短视频脚本，在我的视频号上也能找到方法。

这里要记得，无论是直播、短视频、课程、训练营，还是其他形式的分享，我们要多分享故事，因为故事更能吸引人、链接人、打动人，它的效果远胜于单纯地讲道理。一流品牌讲故事，二流品牌卖产品。今天讲出的故事，会变成明天传播的价值。

4. 思考跟你有一样需求的人活跃在哪里

当你有了故事、素材、方法后，接下来你就可以去找客户了。很重要的一点就是：思考跟你有一样需求的人活跃在哪里？主动去寻找有需求的人。

比如胖子在哪里，他们肯定在各大减肥群里；那些不快乐的人在哪里，他们肯定在各大吐槽群里；那些爱学习的人在哪里，他们肯定在各大学习主题的群里。主动找到有这样需求的人们活跃的社群，然后去分享你的课程、你的文章、你的视频、你的直播，让平台的力量再帮你放大人群，最后变现，这是不是就形成了一个闭环？在解决了大家问题的同时，你的个人品牌也就建立起来了。

在"妈妈不烦"有一位做纯素烘焙的学员，叫素心。她是有着8年从业经验的烘焙人，和先生经营着一家纯素烘焙店。当初在获取流量上，他们都做出了正确的决定，那就是制作烘焙教程的短视频发布到互联网上，从而获得客源。可是，互联网平台那么多，选择哪个平台分享呢？于是素心思考：我的产品主要吸引的应该是热爱生活的一群人，他们热爱生活肯定也喜欢分享生活，而我要让他们喜欢上我做的小甜点，甚至对烘焙感兴趣……那我就应该去一个用户喜欢分享美好生活的平台给他们"种草"。那么，哪个平台更适合"种草"呢？经过她对现在正热门的几大平台和自家客户的深度研究之后，最后选择了小红书。

事实证明她的选择是正确的，6个月时间里，她更新了20

条短视频，小红书涨粉量高达 1.3 万。之后，她把小红书的粉丝引流到微信社群，最后实现变现。

　　持续分享好的内容，用户自己会来找你的。所以，即使你是小白，也可以打造个人品牌，勇敢去做吧！

本节小结

　　1.凡是让你感到烦恼和痛苦的事情，都是你做个人品牌发家致富的好机会。

　　2.个人品牌真实，才会吸引大家。

　　3.总结出你的经验，把它做成朋友圈内容、短视频、课程等，或通过直播分享出去。

第三节　女人，愿你勇敢成为百行百业的引领者

请你带着这些问题阅读：

1. 作为职场妈妈的你，如何打造职场能见度，不做职场小透明？

2. 作为创业妈妈的你，可以制订怎样的计划以成为公司产品代理人？

3. 作为全职妈妈的你，如何提炼出你在生活方式上独到的心得？

很多妈妈们走进"妈妈不烦"商学院学习打造个人品牌的方法，可每每讲到定位，总是非常纠结，一纠结，这事一年一年就被耽误了。其实，每个人都是在不断输出的过程中逐渐找准了自己的独特定位，只要你在每一个细分方向上深耕，持续输出，对某一类人产生了影响，你就是一个好的 IP 人物。

这一节，我想跟你们分享两个非常适合普通妈妈的个人品牌策略。

第一个个人品牌策略：成为专业引领者。这个特别适合有一技之长的职业人士、创业者。耐心地输出内容，影响行业内、专业内的每个人，这是专业引领者所要思考的课题。

第二个个人品牌策略：成为美好生活方式代言人，这个特别适合热爱生活并乐于传播美好生活方式的全职妈妈们。

下面我们将详细讲解这两个个人品牌策略。

1. 个人品牌策略一：成为专业引领者

成为专业引领者，这不仅适合专业的职场妈妈，也适合创业妈妈。但是在这里，我并不想再告诉大家如何提高专业知识，因为我知道大家在专业方面足够优秀。我想说的是，对于专业的女性群体来说，不论你是身处职场，还是鏖战创业江湖，都一定要提高自己的"能见度"，这往往是女性天生的软肋，也是我这个资深 HR 发自肺腑想提醒妈妈们务必要注意的。

（1）职业能见度是职场妈妈重要的职场杠杆

当年，我在做人力资源副总裁的时候，公司的人如果想晋升中层，就必须通过晋升答辩。

如果一个人在答辩时，大家对他的印象是这样：嗯，我听说过这个人、我知道这个人、这个人在某个事情上表现很突出……答辩的氛围明显会轻松很多，这个人晋升的概率也会大很多。

但如果遇到一个我从来没听说过的人，其他领导也不认识，大家就会想：这个人是谁……这个人在答辩过程中就会被更多地提问，对于是否提拔他，大家会反复讨论和推敲，他晋升的概率会明显小很多。

在职场当中，有多少人能看到你；有多少人说起你的时候会说"他呀，我知道""我听说过""我看见过"……这都涉及职场能见度。职场能见度，是职场妈妈重要的职场杠杆，它也可以理解为一个人的职场影响力。在职场中，提高职场能见度是打造个人品牌很重要的一部分。

"妈妈不烦"里有一位律师，她刚来上课的时候都不敢说话，在社群中也不会跟其他人互动。据她所说，她在律所里也是个小透明。学习了直播短视频课程后，好在她坚持创作，输出了大量法律相关的小知识和案例解析的视频，还开了直播。每次发布视频或者开播前后，她也按照要求给身边人发了预告和链接，提醒大家关注她的视频号。不久后，她竟然冲上了视频号律师排行榜第 21 名。她的老板和同事都震惊了，很快，她就获得了升职加薪的机会，成为他们律所最年轻的合伙人之一。

从一个小透明到惊艳所有人的职场黑马，她靠的就是逐渐提高职场能见度。

根据美国某知名顾问公司的研究，一个人在职场中升职加薪的关键包括 PIE 三大要素，而三者对升职加薪的影响占比可能会颠覆你的想象。

P（Perfomance）代表的是专业表现，也就是你的专业能力的呈现，对升职加薪只占 10% 的影响。

I（Image）代表的是个人形象。这里不是说长得好不好看，而是你的专业能力呈现出来的状态如何，这是你的专业形象，这点对升职加薪有占比 30% 的影响。

E（Exposure）代表的是职场能见度，就是你能不能被别人看见，这点对升职加薪有占比 60% 的影响。

天哪，是不是觉得和你想象中完全不一样？职场能见度和个人形象的重要性远远超过了专业表现。

（2）个人能见度是创业妈妈非常重要的资产和护城河

这份"能见度"在创业者领域就叫"个人能见度"。个人能见度对创业者非常关键，因为创始人的 IP 是一家公司非常重要的资产和护城河。

为什么格力空调不花钱请明星代言，而是董明珠自己代言？因为他们深信，自己为自己的产品代言比所有明星代言更有说服力。一家公司的产品数据、市场份额、营收规模，这些只能代表企业的硬实力，但这些不是有血有肉的。很大程度上，创始人就是一个公司的化身，是很重要的代言人。别人记住了你的名字之后，你就是这个公司的最佳代言人。很多时候只有创始人才能表达出这个公司真正的价值观、企业精神和文化，还有专业度。

所以，如果企业创始人做个人品牌，可以把自己定位为行业专家，这样可以对产品有很好的加分，在对外的交流与沟通中就更容易获得信任。

"妈妈不烦"全国用户量近 50 万，从未花过一分广告费，很大一部分原因是受益于我的个人品牌。我定位自己为一个女性商业导师，于是我可以为"妈妈不烦"获得大量精准的女性用户，我会为"妈妈不烦"获得最好的社会资源。高质量的创始人个人品牌，是一家公司最好的社交资本，是一家公司最省钱的营销方式。

有一个在亲子阅读领域深耕了 10 年的妈妈，叫陶小艾，她被评为金牌阅读推广人，曾经与樊登老师同台领过奖。但是，她一度只是闷头开绘本馆，苦苦坚持 5 年后，以亏损近百万而告终。后来，她开始调整策略——打造个人品牌，从阅读推广人的标签升级为绘本创业导师。这个定位调整后，吸引来了大量同行业者。她本身就足够专业，加上以导师的身份去服务更多人后，更是引来大量的社会资源。她现在单场直播最高创收纪录是 25 万元。

如她所说："我辛苦一年才赚到 20 万元，如今一场直播就拿到了一年的创收。"

你看，方法用对，创业的路其实可以走得更轻松。

2. 个人品牌策略二：成为美好生活方式代言人

还有一种很好的个人品牌策略，非常适合妈妈们，尤其是全职妈妈或者以展现美好生活为主的创业者们，那就是让自己成为美好生活方式代言人。具体来说，就是提炼出你在生活方式上独到的心得，并将它传播出去。

这个方式相对来讲很适合女性，因为如果你开一家公司，既辛苦又很难平衡好家庭和事业，而如果成为美好生活方式代言人，你的状态不仅会变得更好，而且你在展现自我的同时还可以赚到钱，高度地把自我、生活和赚钱这几件事情融合到一起，这对女性来讲是非常棒的一件事情。

要记住，你的生活方式价值百万。每个人都可以拥有自己的个人品牌，为自己的美好生活方式代言。

法赞是"妈妈不烦"社群中最早的一批小伙伴之一，一位忠实的素食主义者。当年为了照顾刚刚出生的女儿，她从国企辞职，和伙伴开了一家素食餐厅，最后却因为经营问题亏了100多万元。当她知道美好生活方式代言人这个策略后，她以素食妈妈、健康社群为核心，找到了做素食生活的引领者的定位，她不再高高在上地教育客户要吃素，而是利用轻松美好的生活方式吸引关注，让用户愿意体验，一步一步带着用户走，做她半步之遥的闺蜜。

她开始做自媒体，专注线上健康生活社群，陪伴妈妈学习成长，粉丝量从 1 到 100，再到 1000……渐渐地，她还建立了有机健康食材商城，2020—2021 年，通过自媒体社群电商营收超 1000 万元。

不是每个女性都可以把这条路走得这么成功，但她的例子无疑是"美好生活方式代言人"这个策略真实有效的例证。

怎样成为一个美好生活方式代言人呢？法则特别重要，就是将你的个人品牌浓缩成个人标签去传播。你会发现，当你了解一个人的时候，往往会去找他身上的标签，有时候是一个，有时候是几个。但是要注意，个人标签越聚焦越好，要让你的用户能很准确地知道你是谁，你能帮到他什么。只要是自己喜欢的、认可的、肯定的，就能成为自己个人品牌的立足点。然后思考：我可以传递的价值或者我现在的优势是什么？能够解决他人的什么问题？从这一个点出发，找到适合自己的方式，同时还要设计变现的路径。

那么，美好生活方式代言人都有哪些方向呢？

如果你擅长做美食，就可以做美食代言人、"吃货"代言人。

比如芝润妈妈，她很喜欢做饭，于是她坚持制作美食视频 2 年，抖音积累了 260 万粉丝，快手积累了 86 万粉丝，再带货厨具、餐具、食品，一年创收 100 多万元。

比如紫苏姑娘，她在山里自己种粮食，同样做美食视频分享到视频号，拍得跟李子柒的视频一样美。她展示出来美好生活，自然吸引了大家来消费。才一个月，视频号和公众号、微店已经运转起来了，视频号每天涨粉 50 人。

如果你爱读书，你就做阅读方面的代言人。

比如高高，她喜欢读书，于是每天坚持 4 点起床，5 点—7 点在直播间给大家读书，至今已经直播了 260 多场，粉丝突破万人，甚至通过读书变现了 27 万元。

如果你喜欢养花种菜，那你就可以做这方面的代言人。

如果你喜欢养生，你就做养生方面的代言人。

比如苏苏，因为自己生病之后开始吃素，身体好了之后，她开始做中医养生方面的传播者，现在也开始变现了。

还有，如果你喜欢旅游，你可以成为一个旅行达人，马蜂窝上的顶级旅行达人甚至做到了年入千万元。

试着想一想，如果有一天每个妈妈都能把自己的生活过得精彩无比，再靠分享自己的生活，展现美好生活为生，想想就美好，不是吗？我们不要成为产品的奴隶，而是要成为美好生活的代言人。呈现自己认可的生活方式，当你自己内心越来越富足，过得越来越好的时候，总会吸引到很多同频的、愿意去尝试的人。人生最美好的事，莫过于你喜欢做的事情，碰巧你也很擅长。

如果我们把个人品牌当作一个圆，那其中的圆心，就是我们的初心。做个人品牌一定要想我要帮谁解决什么问题，我为什么要去做这个事情。没有内容和价值输出的个人品牌都是伪品牌，不具有任何成长性。你要有价值地输出，要为世界创造价值，你要做一个给予者，这样这个圈才能推出去。

传播靠口口相传，最终是人们都在介绍你。当你拥有了品牌，拥有了口碑，别人都在帮你传播的时候，你就可以一次一次破圈。

不论你是专业人士，还是生活达人，不论你在职场之中，还是在创业，抑或是全职状态中，运用好个人品牌的两大策略，专业人士或美好生活方式代言人总有一个适合你，愿你勇敢成为百行百业的引领者，用成长各自书写属于自己的女王故事。

本节小结

1. 每个人都是在不断输出的过程中逐渐找准了自己的独特定位。

2. "能见度"是专业的职场妈妈和创业妈妈重要的个人品牌杠杆。

3. 成为美好生活方式代言人的关键就是将你的个人品牌浓缩成个人标签去传播。

学习加油站

扫码关注微信公众号"王不烦来了（见 P020）"，回复"个人品牌"即可获得 1 节"个人品牌变现" 精华课程；回复"社群"，即可获得从 0 到 1 搭建付费社群的操作流程，教你盘活私域，打造个人品牌；回复"直播"，即可获得"直播小白手册"，教你怎么从 0 粉丝做到场观万人。如果你还不知道怎么着手，回复"咨询"，即可免费获得 1 次一对一财富教练咨询答疑，根据你的情况给你方法和可参考的案例。

第六章

与其单打独斗，不如借力前行

第一节 做一个在餐桌上周全体贴的人，根本不是人脉的核心

请你带着这些问题阅读：

1. 之前你对人脉的理解是什么？

2. 现在你对人脉有什么新的认知？

我刚入职场的时候，跟很多人一样，在建立人脉圈这件事情上走过不少弯路。

印象特别深的一次是，我针对公司的招人难这个问题提了很多建议，但是根本没人愿意听我的，更别说配合了。毕竟是职场新人，人微言轻也是常有的事情。

怎么办呢？先跟大家搞好关系吧！于是，自己做东邀请了好些同事一起吃饭喝酒。结果饭局上别人啥事儿没有，我却把自己喝吐了，醉后一系列不合时宜的表现让场面一度非常尴尬。

最后，不仅事情没办成，还给同事留下了特别糟糕的印象。

这条路是行不通了，怎么办呢？我琢磨了好久后，只做了一件事情就扭转了局面。

我在公司里主动提出要给大家做一个招聘趋势分享会。我说，如果我们想招到优秀的人，我们不仅要做伯乐，还要知道千里马在哪吃草。这么一说很多人来了兴趣。我又接着说，我来和你们分享目前哪些渠道可以找到适合我们公司的人，我们需要共同完成哪些工作。

经过这一次分享后，同事们对我的专业能力开始有点服气了，他们大概没有想到酒桌上那么差劲的小姑娘居然说起专业来这么头头是道。渐渐地，大家开始支持和配合我的工作。而我，正是在这家公司完成了从普通员工到人力资源总监的晋升，工资 3 年内翻了近 4 倍。

说到人脉，你是不是也和当初的我一样，似乎我们已经对这个主题有了很多大众惯有的认知，比如：

人脉不就是多约人吃饭、多喝酒吗？开门、拎包、倒茶，只要你足够真诚，总有人信你的。

人脉不就是要能言善道、情商高、礼仪好、见识多吗？去学习红酒、搞茶艺，有钱的话打高尔夫，总能认识高端人士。

人脉不就是比谁微信上好友多吗？要想增加人脉，去参加各种活动呀，逢人就加微信、合影，再说一句"以后常联系"，这样就可以啦。

刚开始我也是这样想的，所以我一度很反感"人情文化"。后来读博期间，我受到国家留学基金委资助，到美国深造，我的博士论文课题刚好是社会网络理论。简单来说，就是研究人和人之间的社会关系。在这个领域，我看到社会关系的重要意义。斯坦福大学曾做过一个调查研究，结论是：一个人赚的钱12.5% 来自知识，87.5% 来自人脉。而我们和处在世界任何一个角落的陌生人之间所间隔的人不会超过 6 个。你最多通过 6 个人就能够认识他们，与之搭上关系。这里的"他们"包括任何人，比如你喜欢的明星、政治人物、企业家。

当我意识到社会关系如此重要时，我不得不重新认真思考：人脉经营的核心到底是什么？随着后来我对社会网络理论的研究越来越深入，我开始明白了什么才是社会网络核心，再加上多年职场和创业经验，我非常肯定：能言善道，做一个在饭桌上周全体贴的人，根本不是获得人脉的核心。

本节小结：

　　能言善道，做一个在饭桌上周全体贴的人，根本不是获得人脉的核心。

第二节　做朋友是远远不够的

请你带着这些问题阅读：

1. 怎样才能获得优质人脉？

2. 在社交中是否有必要给自己贴上明确的标签？

我的美国导师诺希尔·康特（Noshir Contractor）教授曾经做过一个关于优质人脉如何获取信息的研究课题，这个研究的结论非常经典：一个人社交技能再好，我们获得对方信息的成功率最多只有14.4%，但如果加上你们对彼此专业的感知和认同、双方之间互换价值，你的成功率可以提高到85.1%。也就是说，想获得优质人脉，有3个关键影响因素：社交沟通、专业优势、社会交换价值。

社交沟通，你可以理解为双方沟通的技巧（包括我们常说的社交礼仪）；

专业优势，即你的专业能力，以及你理解对方专业的能力；

社会交换价值，即你们能够给对方提供的利益交换价值，包括合作、联盟等。

在这个理论的基础上，我把人脉分为 3 个版本，为了帮助大家更好地理解不同版本，我对应不同身份进行了叠加，因为每个版本是不断升级和递进的。

（1）人脉的 1.0 版本：成为朋友，这里对应的是社交沟通因素。这个版本的人脉还停留在社交沟通层面。不可否认的是，成为朋友是信任的基础，但社交沟通只是人脉构建的基础，如果对人脉的认知只停留在这个层面，那人脉不会起到特别大的作用，毕竟这点与成功取得信息只有 14.4% 的关联性，这属于浅层次的人脉。很多人认为多吃饭喝酒、多送礼就可以获得人脉，甚至把人脉与厚黑学联系在一起，这完全是颠倒了。

说到这里，我想起一个有趣的经历。

曾经有个陌生人冲进我的办公室，想要代理"妈妈不烦"课程。他一进办公室就侃侃而谈，完全不给我插话的机会，对线上教育评头论足、深表不满。他腰间系着一条金光闪闪的皮带，手上戴着一枚粗粗的金戒指。（我不以貌取人，毕竟我也长得不好看，但是看见他的打扮，我确实分神了……）大概说了 10 分钟后，我忍不住问："那您找我是希望我做什么呢？"他用带着金戒指的那个手指指着我说："我可以让你红遍中国。"我实在忍不下去，非常"有礼貌"地把他请出了我的办公室。

这就是社交沟通的价值，一个人如果连基本礼仪都没有，是很难吸引到合作方的。如果你们连朋友都没得做，就更别提合作了。当然，并不是做到了有礼貌、好沟通，成为朋友，就可以拿到合作机会 。

（2）人脉的 2.0 版本：朋友 + 专家，这里对应的是社交沟通和专业优势的因素。这个版本就是在朋友的基础上升级了，也就是你自己要成为专家，要不断地积累和输出自己的价值，建立自己的核心专业优势，这样就能提高找到或者吸引你需要的人和需要你的人，并且能够产生价值的精准人脉的可能性。只有你成为高手，才能够吸引高手。

同时还有一点：你要理解对方的专业。注意：你不需要是这个专业的专家，但你要有理解对方专业的能力。

举个例子，经常有人来找我请教新的商业模式，有些人一听到流量，就问："这是啥呀？"我解释了一遍，对方还是听不懂，马上我就兴趣大减，不想交流了。但是如果遇到一个小伙伴，虽然外行，但一听就能举一反三，我就想多分享一些内容给对方。这就是专业同频带来的分享欲，高手之间的惺惺相惜，"虽然我们素不相识，但是我知道你懂我"，这是一种多么强大的力量。

你在他人心目中，到 2.0 版本，已经很不错了。你自己是某领域的专业人士，且你能与对方探讨他所在领域的专业内容，你们的社交层次就比仅仅是朋友好了很多，未来有机会，你们很大可能会选择与对方合作。

（3）人脉的 3.0 版本：朋友 + 专家 + 盟友，这里对应的是社交沟通、专业优势和社会价值交换的因素。

低版本的人脉是单一的，高版本的人脉是多重的、高质量的。在这个 3.0 版本的人脉中，也就是在沟通和有专业优势的基础上，如果你还总能为他人提供对方所需要的可交换的价值，这时这个人脉才能真正发挥重大作用。换句话说，当你们的关系成为"朋友 + 专家 + 盟友"的三重身份的时候，这才是真正的高质量的人脉。仅仅在朋友身份上叠加两个深层次的身份：专家 + 盟友，你换取信息的成功率就可以一下子上升到 85.1%。

这里又用到殷雯的例子了。

与殷雯相识之初，我是一家上市公司的人力资源副总裁，她在某公司负责团险业务。当时，她的下属找到了我，希望我们公司购买他们的保险业务。因为要讨论合作细节，我见到了殷雯。很快，在这段合作的关系中，我们知道了彼此的专业水平，也为彼此的个性互相吸引。我们一起吐槽老公、一起旅行，时不时聚会闲扯一番，也能一起交流对方专业领域的问题。此后，我有医疗或者销售领域内的问题会经常找她，她有了管理和人力资源问题，也经常找我。于是，我们互相成了对方 2.0 版本的人脉，即"好友＋专家"的关系。

后来，我开始创业时常找她请教销售板块的业务问题，从请教到邀请她给公司做外挂专家，再到让她一点点开始介入公司业务，最后她成为我创业路上非常重要的搭档。她也因为"妈妈不烦"的业务开始了解互联网领域的一些创新做法，在公司的保险业务中引进了直播、社群等模式，她成功成为保险行业的互联网探索者。你看，我们的关系是不是又多了一重身份，我们是彼此最坚实的"盟友"。

有一天，我听到她跟"妈妈不烦"的闺蜜们说了一句话："好闺蜜，不仅要共情，还要共财。"我深以为然。

创业路上，我总能适时得到很多好友的助力，与我之前的人脉构建不无关系。比如：当销售出现一堆问题的时候，我的闺蜜殷雯出现了；我正盲目探索直播短视频领域时，好友林少来帮忙了；我为开发商业大课上火挠头时，十几年的老朋友黄云站出来了……这些好友的出现，背后都有着一段 3.0 版本的故事。

在这一章，我要和你分享一个特别重要的内容：专业社交策略。就是说，你要把专业技能做成你的个人标签，用这个标签来进行社交，甚至与他人形成联盟关系。这样一来，什么酒桌文化的做法，统统都可以舍弃了。

在开始讲这个策略之前，依然需要重申一次关于人脉的重要性。尽管在寻找到好的人脉时走了不少弯路，但庆幸的是，我一直深信人脉的重要价值。因为从农村走出来，到了大城市没有任何人脉累积，所以我特别珍惜拥有的那一点点人脉。不求有大靠山，哪怕只是找到一个认知比我高那么一点点的人，我都非常感恩。单打独斗的实力是本钱，借力前行的能力才是本事。

　　我上面提到美国斯坦福大学做过一个调查研究，结论是：一个人赚的钱，12.5%来自知识，87.5%来自人脉。12.5%的部分，我们可以称之为智力资本。而87.5%的部分，就是他的人力资本或者社会资本。从这个调查研究可以看出，一个人如果想让他的财富实现突破性的增长，要做的最重要的一件事情，就是跟他人联系起来，建立一个完整高效的人脉圈。

　　英国诗人约翰·多恩说过一句流传甚广的话："没有人是一座孤岛，可以自成一体，每个人都是那广袤大陆的一部分。"人与社会的关系如此，人与财富的关系同样如此。

　　我常对"妈妈不烦"的学员们说的一句话是：决定你人生天花板的不是你的能力，而是你的社会关系的总和。希望本章节可以帮到你，尤其是和我一样赤手空拳走天下的女性。

"妈妈不烦"社群

本节小结

1. 想获得优质人脉，有 3 个关键影响因素：社交沟通、专业优势、社会交换价值。

2. 人脉的 3.0 版本：朋友 + 专家 + 盟友，这里对应了社交沟通、专业优势和社会价值交换的因素。

3. 决定你人生天花板的不是你的能力，而是你社会关系的总和。

学习加油站

如果你的人脉资源过于单一，如果你的人脉还只停留在低版本的社交沟通层面，欢迎关注公众号"王不烦来了"（见P020），更多关于人脉与资源的干货都在推文里。你还可以扫码关注我的个人微信（见P030），加入"妈妈不烦"的女性社群。目前"妈妈不烦"会员人数已经超过 3 万人，覆盖中国甚至德国、澳大利亚、美国、英国等国家的 352 个城市。来自各行各业的妈妈都在"妈妈不烦"的社群里一起学习，以各自的专业进行社交，借助彼此的优势合伙开创一份事业，陪伴彼此解决生活上的难题，很多人在这里都收获了高质量的人脉和终生闺蜜。

第三节　与其四处寻找贵人，不如主动吸引贵人

请你带着这些问题阅读：

1. 如果你想找一匹千里马，会通过哪些途径去寻找？

2. 如果你是一匹千里马，如何吸引贵人？

3. 如何获得与贵人潜在的联盟机会？

很多人会问我："老王，我身边就是没有优质人脉，怎么办？"

作为一匹优质的千里马，我们就只能坐等被发现吗？要遇到一个贵人，只能靠上天的恩赐吗？人生很多事情一旦陷入被动，都变得不可控，从而让人陷入抱怨、焦虑、不安的深渊之中。我的人生准则就是：与其被动等待，不如主动出击。邓亚萍老师有一句话，我很喜欢，她说"进攻是最好的防守"。贵

人不是靠等的，我们要主动吸引他们。

拼多多的创始人黄峥，如今身价已经超过了 3000 多亿元。而他的发家史正好印证了伯乐与千里马的故事。

2001 年，黄峥还只是个计算机专业的大学生，而网易 CEO 丁磊，一个互联网大亨竟全网寻找这个初出茅庐的年轻人，想要请教他技术问题。不知情的人应该会想：这不是胡扯吗，堂堂一个网易 CEO，居然还要找一个大学生请教技术问题？

事情是这样的：黄峥当年经常在专业网站上发表自己对技术的一些看法，也算是个小小的技术网红了。有一天，丁磊看到了黄峥发表的一篇文章，正好这篇文章里讲的技术问题是他当时正关心的问题，于是丁磊主动联系了黄峥。

当丁磊找到黄峥的时候，黄峥还觉得，这就是一个骗子嘛，还敢自称网易的 CEO 呢？没想到，聊着聊着，发现对方居然真是网易 CEO。从此，一段铁杆网友的故事就这么产生了。

后来，丁磊还把步步高的创始人段永平介绍给了黄峥。黄峥毕业找工作的时候，段永平建议他加入谷歌；黄峥要创业，段永平不仅出谋划策，还从步步高分出业务给黄峥。而拼多多能有今天，离不开段永平这个贵人对黄峥的支持。

所以你看，如果黄峥当初是一个只知埋头钻研的技术男，就不会吸引到丁磊和段永平这样的大人物，就不会有今天的拼多多。与其四处寻找贵人，不如让贵人主动看见你，找到自己对的出场方式、合适的专业社交策略，每一步都可以让你离贵人近很多。

那么，有没有更好的方法让我们主动找到贵人，并吸引他与我们合作呢？

这里，我来讲讲如何用专业社交的策略来实现与贵人的连接。

1. 找到对的出场方式

在黑暗中，找到出路最好的方式不是环顾四周、四处乱窜，而是找对自己的出场方式，让自己成为一束光，主动让贵人看到你。

首先，你要思考以下问题：你想认识谁？他可能出现在哪些渠道？他是喜欢出现在公共的线上社交平台分享观点呢，还是喜欢出现在线下的演讲论坛？回答清楚这些问题，你就可以找到对应的出场策略。

比如，比你厉害的专业大咖经常去行业会议上做演讲，那么，你就可以多去一些行业会议和专业论坛，主动到那里去发现和联系你喜欢的人。

当然，还有更高效的一种方式，争取到一次在这个渠道上做分享的机会。通过这次分享，让你的贵人建立对你的认知，进行互动。

我身边有位也在创业的女性朋友，她想融资，可是又不想像无头苍蝇一样到处飞来撞去的。于是我给了她一个建议，主动联系某金融协会，组织一场来她们公司参观的活动。

她先是说服金融协会的会长，她们公司为什么值得参观：她的公司所在的行业是一个新兴行业，值得很多人关注和了解；她公司的人效比同行很多公司的都要好，是一个很优质的了解对象。她还介绍了自己会准备哪些分享内容，方便让金融圈人士更了解这个行业的内幕。会长听完后很愉快，就答应了。

参观那天，几十家金融公司的老板和高管在公司参观、交流。交流结束后很多人就主动问了："你们公司融资了吗？

需要资本吗？这么好的一家公司，有机会也让我们多参与一下呀。"就这样，她成功地认识了几个非常不错的投资人，顺利高效地开启了她的融资之路。

你看，这是不是找到了对的场域，也就是找到了对的出场方式，然后通过分享，建立他人对你的认知，最后吸引投资？

如果你还是一头雾水，可以先问问身边的朋友们，问他们行业内有哪些分享会议、专业论坛、线上社群等。

我刚做知识付费的时候，就经常问我身边的朋友："你知道这个圈子都有什么重要的峰会吗？这个圈子里有哪些社群呀？怎么加入呀？"然后，我就会出现在会议现场跟大家交流。

刚开始，听圈内的大咖讲，我认真学习，大半年的时间后，就变成我上去给别人讲。不到一年，我就认识了这个圈子里的很多知名人物，包括我最喜欢的吴晓波老师、林少、黄执中等。这些人后来都成为我创业路上很好的资源，帮助我从 0 到 1 完成了市场的冷启动。

2. 主动阐述自己的价值，让对方感知到自己的专业

当你能够主动找到贵人时，第二件特别重要的事情就是让对方记住你。你有没有发现，我们很难记住一个人的名字，但很容易记住对方的标签。比如，我们经常会说："那个谁……我忘记名字了，就是讲商业的那个女老师。"看，这就是标签的意义，能让别人快速地记住你。

在人际交往中有一个因素，叫作"对知识的感知"，就是对方感知到你知道什么，或者说，感知到你属于哪个行业、职业、专业领域，你有能力解决哪些问题，等等。这比他只知道"她是一个好人""和她聊天蛮愉快的"更重要。

我身边有一个自媒体领域的朋友，她通过抓住公众号的风口，做出了一些成绩，可是，她发现她的人脉圈子不够广。于是，她找老板申请了一笔费用，到长江商学院读书，想借机获得一些优质人脉。

可是，上了几次课后她发现，她很难被大家看见。后来，我教了她一招，她马上变成全班的宠儿，超多人主动联系她。

之前她是这么介绍自己的："大家好，我是 × × 公司的

内容总监。"说完，大家蒙了，不知道"××公司"是干啥的，也不知道"内容总监"的具体职责范围。

我教她这么介绍自己：

"大家好，我是××公司的内容总监。××公司是自媒体行业最大的平台，全网覆盖××万用户。作为内容总监，我最擅长的是对内容的把控和判断，像大家的公众号业务，或者广告文案啊，直播短视频团队搭建啊，都欢迎来找我帮忙哦。"

于是台下的人哗哗地主动去联系她。

这里一定要注意，弱关系的人脉给你的连接机会只有一次。因为对方可以通过第一次的连接判断出你是不是他想找的人。包括对人的印象，也只有第一次最为深刻。在弱关系中，第一次见面特别重要。

3. 用故事来加强你的专业感，最好让"江湖"有一些你的传说

结合专业标签，最好还有对应的亮点事件说明，引起大家

更大的好奇和关注，这样效果就更好了。

比如你说，"我擅长写公众号文章"，那就没意思了，会写公众号文章的人多了去了。但如果你说："我曾经一个月之内把公众号的阅读量翻一倍。"别人一听，哇，这就有点厉害了！对不对？

我给大家举一下我的例子。

我曾经和别人介绍我懂商业，我会赚钱，别人会觉得：这事儿难说，毕竟外面骗子那么多。这样很难快速获取信任。

于是，我讲："我是中国人民大学管理类学科本科、硕士、博士，还在美国西北大学进修过，还给很多大企业做过咨询，比如招商银行、中海油、珠江啤酒……我就是研究商业的。"效果好一些，不过还是一般般。

后来，我换了一个说法："我30岁的时候，就做了A+H股上市公司的高管，几乎是国内最年轻的高管了。"介绍完，开始有人抬头看我了。

再后来，我又改了："我曾经用7个月的时间，让一家公司的估值翻了3倍，从8亿元涨到了20亿元。"人群中就开始有人发出"哇"的声音了。

现在我经常是这么介绍自己的："我现在所创办的'妈妈不烦'，到目前为止，帮助了 50 万女性提升财富思维。"这下现场不仅"哇"声一片，掌声也自发响了起来……

我常常在"王不烦来了"公众号上表达这样的观点：真正的人脉，不是你认识多少人，而是有多少人愿意跟你合作。你有多少人脉，取决于你有多大的"利用价值"。只有那些能够彼此交换价值、带来合作机会的，才叫人脉。

4. 给贵人创造一次超预期的体验，获得一个潜在的联盟机会

在结识新人脉的时候，我相信所有人都会遇到两个困惑：第一，这个人是不是真的靠谱？第二，对方并不会一上来就信任我怎么办？我有没有猜对？没关系，靠不靠谱呢，我们别费心思去猜，最简单的破除信任障碍的方法就是来一次最低成本的小合作，是骡子是马，拉出来遛一遛就知道了。

正如我们上一节讲的，如果希望人脉关系扎实，最好的方式就是合作。合作，是将人脉牢牢握在手里的最短途径。如果

合作效果不如预期，起码可以做到损失最小化。如果"试用装"用完之后一看，效果还不错，那可以深度合作了呀！合作的过程既是你在考察别人，也是别人在考察你。

那要怎么做，才能通过考察期呢？答案只有一个，把事情做到超预期。

超预期是什么意思呢？简单地说，就是要把每一次合作都当作最后一次，你要输出你的最大价值，对方期待的是 1，你就要给他 5，甚至是 10，为他提供一个专业的体验，要让他感受到你是能够帮他加分的。下次他要找人合作的时候，一定会第一个想到你。你说凭啥？就凭你超预期的实力呀。

之前，有一家自媒体公司想邀请我一起开线下课程，老板已经信任我了，但是底下的人对我的实力表示怀疑。我一听，居然怀疑我的专业能力？这我就不能忍了！

我就跟他们说，没事儿，那我先在课上做一次分享嘛，来一个小的合作，看看现场效果怎么样。

在现场分享的时候，我把每一个方法用案例分析了一遍，一步步带着他们去理解方法是怎么用的，还给他们做了一套工具卡片。而且，我还特别设计了几个游戏，让大家边学边玩。

那几个小时，学员都玩得特别开心，他们从来没想过，上课还能这么有意思。结果，我做完分享之后，底下的学员都追着我问各种问题，加好友。

这下他们才服气了，连忙过来跟我确认之后的合作事宜。

通过这件事，我就更加坚定了一个观点：唯有超预期的专业体验，才能带来超预期的深度连接。

本节小结

1."进攻是最好的防守"，贵人不是靠等的，我们要主动吸引他们。

2.真正的人脉，不是你认识多少人，而是有多少人愿意跟你合作。

3.唯有超预期的专业体验，才能带来超预期的深度连接。

第四节 你的人脉背后，是一座座金矿

请你带着这些问题阅读：

1. 想想跟自己交往最密切的三个人背后的资源有哪些？

2. 想想自己可以为他人提供什么可交换的价值？

3. 盘点自己的人脉，自己有哪些"专业支持型人脉"？

很多人都会有一种感觉，总觉得身边的朋友不够用，比如说你突然得找一个业务合作，或者有个专业的问题搞不懂，打开手机通讯录想要找人咨询，把朋友列表从上滑到下细细琢磨一遍，结果发现，怎么没有啊？可是，少则几百人，多则上千人的通讯录，真的没有你想要找的人吗？事实上，我们都知道六度空间理论，即最多通过 6 个中间人，你就能够认识任何一个你想要认识的人。或许，你身边本就藏龙卧虎，问题在于你并没有认真地了解身边的每个人。

比日常沟通更重要的是：你知道他是谁，你知道他认识谁，你知道他知道什么。在这个基础上，如果你还总能为他人提供对方所需的可交换的价值，这个人脉才能真正发挥作用。

践行这一点最厉害的人物，我发现是在投资圈。跟他们打过交道的话你会发现，哪怕是偶然说起的一件事情，都会被他们记得清清楚楚。

有一次，我和一位很厉害的投资人朋友吃饭，随口提到了某位朋友在心理学专业领域特别棒。大概过了一年，她突然找到我，问我之前提到的那个朋友。"那个人是谁，叫什么名字？你能帮我介绍一下吗？"我当时就震惊了，时隔一年，我几乎都忘记了自己说过什么，她居然还记得。和她深聊，才了解到很多投资公司已经把公司每个人的社会资本可视化了。什么意思？比如说，你认识哪些人，这些人士专业背景怎么样，他们有哪些社会资源，是怎么认识的，有无合作关系，等等。每个人都要把这些信息记录下来，形成一个公司内部可公开化的庞大的数据库。如果公司来了还没有足够社会资源的新人，他们就可以在这个数据库搜索，找到公司内可以帮助他们联系对方的同事，从而找到任何他们想要找到的人。

甚至，我的这位朋友介绍，他们公司还有一个部门专门收集各种新闻，从新闻中判断各大公司的老板之间的关系，他们是否有合作、是否有联系、关系如何……这些资料全部对公司内的同事们开放。

每次跟他们打交道，我都怀疑投资圈的朋友是不是每个人都有小本本，跟你说完话马上在背后记着谁是干什么的，谁认识谁……

对他们而言，人脉即"钱脉"。

据我的经验，很多人跟朋友出去聚会，喝酒、唱歌、吃饭、看电影、逛街，这些事都干，但却不了解他的公司名称、他所在的行业、他公司的业务发展水平、他的职位、他的家庭背景、他的重要人脉支持网里还有哪些关键人物……所以这一节，我们要讲一件重要的事情，叫"盘点"。

盘点一问：你是否足够了解每一个人脉背后的资源？

盘点人脉，也就是对他背后专业知识的感知。比认识他更重要的是，挖掘他背后的"金库"。我们要做的不只是知道本人是谁，更需要从他的基本信息出发，去了解他做什么，他的成长背景是什么，深挖下去，我们还需要知道他知道什么，他认识谁，对方有什么资源。

我的一个学员在传统行业工作，她想跳槽去一个互联网公司，但是身边又没有认识的人，所以一直很苦恼。在我给了她建议之后不久，她就靠自己找到了一份很不错的工作。

她是怎么做到的呢？这个案例非常值得剖析。

她先对目标的人脉做一个画像。她是这样描述的："我想要跳槽到互联网公司，那就应该去找一个在互联网公司工作的人，最好还是个 HR，这个人会对互联网行业的发展比较了解。如果实在找不到这个人，那我至少要找一个与互联网公司走得比较近的，比如一些 IT 公司，没有互联网业务，但这些技术人员经常跳槽去互联网公司，这样的人也是可以的。"

列清楚这些条件后，她在微信对话框搜索各种关键词，比如互联网、IT、技术、HR。很快，她发现身边就有一位朋友经常在朋友圈分享一些关于如何管理 IT 人员的文章，她意识到这位朋友应该是在 IT 行业做人力资源管理。

于是，她主动联系了对方，向对方讨教了一些问题：想跳槽去互联网公司，需要提前准备什么？现在是不是合适？对方友好地给了她很多建议，甚至主动和她提起与一家互联网公司的 HR 比较熟悉，如果有需要的话，可以帮忙把简历推过去。

就这样，她顺利地完成了跳槽。

盘点二问：你的社会网络的类型是否过于单一？

你是否思考过：你的好友是否过于单一？比如过于集中在某一个行业、某一类型职业、某一个年龄段。如果是，你需要警惕！你遇到的人生难题是多种多样的，可是你的人脉网难以支持。

尤其是很多女性，我们的人脉网往往只是提供情感支持，比如父母、闺蜜、老同学，他们是我们的情感源泉，跟他们在一起没有特定目的，问问最近的生活情况，联络联络感情，哪怕只是静静地待在一起就觉得很舒服。这一个类型的人脉，我们称之为"社会心理支持型人脉"。

但除此之外，我们还需要很多"专业支持型人脉"。这一个类型的人脉会为你提供更多的理念、建议和重要支持，这种关系的本质是为你提供价值,让你可以获得更好的发展。比如:我们可能需要一些律师朋友,以应对生活中面临的纠纷;有了孩子,我们需要儿科医生、老师、育儿专家或者一些妈妈榜样。

在"妈妈不烦"的社群里,我们非常骄傲的一点,就是为所有女性提供了一个重要的资源:专业闺蜜。

在 50 多万的女性用户中,我们经常在社群中看到这样的故事:

有位妈妈正在打离婚官司,需要咨询律师,于是另外两位律师妈妈得到求助消息后,马上为她提供法律援助。

有位妈妈因为刚出生的孩子总是出现肠胀气,睡不安稳,于是从事小儿推拿的妈妈就出现了,在线给她建议,若是同城直接可以上门帮助。

有位妈妈因为孩子成绩总上不去而头疼,于是从事教育行业的妈妈们马上就会一对一地给出很多专业建议。

甚至有的妈妈喜欢写作、绘画、唱歌、研究心理学,都可以在社群中很快联系到专业的女性,互相交流,向对方学习。我们不需要高高在上的专家,只需要半步之遥的专业闺蜜。

孩子、老人、教育、工作、生活、婚姻,每一样都需要我们拥有足够的能力去应对，因此，我们需要时不时盘点自己的人脉，按照自己不同的人生阶段、当下的目标来梳理自己的人脉圈，看看是否需要增加一些新朋友，或者激活一部分过去并不亲密的老朋友。

当然，也许大家会困惑于如何联系，下面来看看富兰克林搭建人脉的故事。

18世纪时，美国博学者和政治家本杰明·富兰克林有一次很想跟宾夕法尼亚州立法院一个议员建立合作，但这个议员是个难缠的铁石心肠的人物。试着想想富兰克林应该怎么解决这个问题？是贸然上去自我介绍，然后请对方吃饭吗？

富兰克林知道这个议员的私人藏书中有一本绝版的稀世图书，于是就询问议员是否能把那本书借给他看两天。议员同意了。之后，他们又就这本书有了些交流，在这个过程中，这位议员对富兰克林有了更多的了解。

接下来发生的事正如富兰克林所描写的："当我们再次见面时，他对我说话了（他以前从来没有这么做过），而且很有礼貌。后来，他还向我表明他随时愿意为我效劳。"

富兰克林把他借书所带来的成功归结为一条简单的原则：

"曾经帮过你一次忙的人，会比那些你帮助过的人更愿意再帮你一次忙。"换句话说，要使某个人喜欢你，那就请他帮你一个忙。

看完这个故事，是不是有所启发？想要扩大人脉网，就不要害怕麻烦他人，人脉是麻烦出来的。一个人永远不要靠自己100%的力量，而是要靠100个人各自1%的力量。

正如马克思所说的："人的本质不是单个人所固有的抽象物，在其现实性上，它是一切社会关系的总和。"懂得连接他人，可以让你社会关系的总和越来越大，你的财富会越来越多，地位、智慧等也会得到提升。

本节小结

1. 如果你总能为他人提供对方所需要的可交换的价值，这个人脉才能真正发挥重大作用。

2. 人遇到的人生难题是多样的，光凭社会心理支持型人脉难以支持。

3. 专业支持型人脉的本质是为你提供价值，让你获得更好的发展。

学习加油站

如果你的人脉资源过于单一，如果你急缺"工具性支持型人脉"，欢迎关注公众号"王不烦来了"（见 P020），更多关于人脉与资源的干货都在我们的推文里。你还可以扫码关注我的个人微信（见 P030），进入"妈妈不烦"的女性社群。来自各行各业的妈妈都在"妈妈不烦"的社群里一起学习，以各自的专业进行社交，借助彼此的优势合伙开创一份事业，陪伴对方解决生活上的难题，很多人在这里收获了高质量人脉和终身闺蜜。

第七章

让家人主动成就你

第一节 家人是你的助力，而非绊脚石

请你带着这些问题阅读：

1. 你有多久没有放声大笑过了？

2. 妈妈的情绪对家庭有什么影响？

3. 你有什么小妙招让自己以良好的状态面对家人？

2019 年 8 月的某一天夜里，我收到了一个学员发来的微信，从凌晨 3 点发到了 5 点，断断续续差不多写了 3000 字，说尽了她生活中的种种不悦。

"天哪！老王，你为什么总是笑得那么开心？我做不到，我再也感受不到快乐了……"

"有天我做了一个梦，在梦里我看到一个小女孩因为家里生了 4 只小猪而高兴得大叫，可醒来后我泪流满面，因为我突然意识到自己已经很久没有像她那样大声欢笑过了，连做梦都没有……"

"儿子很调皮，老公压力大，家里已经很久没有笑声了，没有人愿意待在这个家里，没有一个人是轻松的……"

早上7点，看到这些消息的我整整在床边坐了半个小时。我为这个本该享受幸福婚姻生活的女性，却遭遇人生的迷失而感到无比遗憾和心痛。

这样的消息，我在夜里接收过很多很多。有人因一次家庭的争吵而崩溃，有人因沉重的生活压力而烦恼，有人道尽了生活的困境，有人因为做了奇怪的梦就感情决堤……

爱默生曾经说过："一百个男人能建立一个营地，但要建立一个家非得有一个女人不可。"当一个女人无法经营她的家庭，也无法从她的家庭中获得能量时，她走的每一步都会是负重而行。为情所困的女人，注定为财所困。当一个女性在生活中充满压抑、难过和痛苦时，她又如何开启婚后生活的第二人生？

于是，我开始有意识地向女性朋友分享如何建立家庭支持系统。家庭支持系统本质上是将家人打造成一支团队，且在家庭文化中融入支持女性追求梦想的文化特质。我希望帮助普通女性在增值的路上少受一点困扰和阻力；我希望她们的家人们都可以成为她们的助力，而不是绊脚石；我希望她们更多地从家庭中得到爱和支持，而不是一味为家人付出，最后却迷失了自我，难以支撑起整个家庭。

其实，生完孩子后我的家里也一度鸡飞狗跳。改变女人生命轨迹的并不是结婚，而是生孩子。生孩子之前和谐幸福，但孩子出生后，似乎一切都变了。

当一个母亲状态不好时，整个家庭也会阴云密布，没有一个人能够开心。迪士尼动画片《魔法满屋》里有一位佩芭阿姨，她的心情能影响天气。当她生气时，她所在的地方就会电闪雷鸣；当她难过流泪，天上就会下起倾盆大雨；当她开心时，天气就变成了晴空万里。每位妈妈都像这位佩芭阿姨一样，拥有一个调节家庭"天气"的魔法：妈妈若开心，全家开心；妈妈若烦躁，全家不安心。妈妈往往决定了家庭生活的情绪基调，作为女主人，我们就是家庭能量的核心。

在本书的前面我们讲了能量管理，这是获得个人财富的秘密。在这一节，我要告诉你如何进行家庭能量管理。当你有意识地主动管理家庭能量的时候，你一定能够更轻松地走在创富和幸福的路上。

我为妈妈们配备了一个神奇的家庭能量魔法棒，如果你能照着我说的去做，一定能够让整个家庭都充满欢声笑语，元气满满！这个家庭能量魔法棒就是"先照顾好自己，再照顾好家人"。妈妈要相信自己就是家里的太阳，所以首先要做的不是让家人开心，而是确保自己开心快乐。只有妈妈状态好了，才有力气去照顾家人，家庭才有了主心骨。

即使家庭琐事繁多，麻烦不断，作为妈妈，我们依然可以开心无限。如何做呢？我主要有三个秘诀：

家庭能量管理秘诀一：坚决不把负面情绪带回家

我刚生完孩子的时候非常焦虑。那时我刚从一个普通的员工晋升到中层，工作特别忙，偏偏家里的事也很多，经常上班的时候很担心孩子，回到家又很担心工作。时间长了，我发现我什么事情都没做好：陪孩子的时候不够专注，上班的时候也总是分神。那段时间，感觉自己产后抑郁了，动不动就哭，动不动就闹，跟老公大吵特吵。

于是，我请了假，抛下孩子和工作逃到了敦煌。

在敦煌沙漠的一个晚上，不远处传来一个三口之家的欢笑声。忽然间，我好羡慕他们。我眼巴巴地看着想象着，以后我们家是不是也会像他们一样。可是，想想破裂的家庭关系，不知是否还会有以后。于是，眼泪不自觉滑到了下巴。就在抬头的时候，我看到了那片此生见过的最美丽的夜空，地平线以上的天空中全都是星星，它们离我是那么近，有节奏有配合地一起闪啊闪，眨啊眨，甚至照亮了旁边稀薄的星云。那一瞬间我突然想，这么美的星空，我必须带着老公和女儿一起来看看啊。

第二天，我回到北京，开始想办法改变。怎么改变呢？先从控制自己的负面情绪开始。我给自己提了一个要求：把负面情绪关在家门外。无论工作中有多少烦恼，一定要在回家前消化掉。

于是，我开始有了一些行为的变化，比如：

我会在回家的路上走慢一点，到了小区先在楼下转一圈，吃个冰棍，或者做个指甲、洗个头。总之，要做一点让我比较愉快的事，然后再回家。

一段时间的高强度工作之后，我会给自己休一个周末，把孩子送到公婆或父母家，请他们帮忙照顾一个周末。我和先生就可以去看看电影、逛逛街，好好放松两天后再接孩子回家，继续开始下一周的奋斗。

这么安排之后，看似我与孩子相处的时间变少了一点，可是庆幸的是，朵拉没有见过妈妈情绪崩溃的那一面，在她眼里，妈妈一直是一个"遇事不慌、开开心心爱工作的妈妈"。

所以我给大家的第一个秘诀就是：不管你处于什么样的状态，上班、创业，或者全职妈妈，只要是你在外面产生的负面情绪，一定不要带回家。进了家门就以最好的状态面对家人。因为真正最重要的人是我们自己，只有我们稳定了，家庭才会是圆满的。

家庭能量管理秘诀二：建立"不做事项清单"，主动拒绝能量消耗

刚才我讲了要把负面情绪关在家门外，但我们总是会有负面情绪的时候，怎么办呢？这里给你的第二个秘诀，就是主动拒绝能量消耗。当你知道什么事情会消耗你的能量，就要很快做出判断：我不要去做。

这就需要我们给自己列一个"不做事项清单"。在老王的

"不做事项清单"上，消耗我能量的事情，我不喜欢的事情，我会拒绝去做。

我不会约我的客户和合作方上午来公司，除非对方远道而来。因为我上午的能量值特别高，很适合做创造性工作。比如我的很多课件、文章、复盘等都是上午写出来的。如果上午见人的话，我会觉得这一天好多事情都还没干，心里不踏实，没着没落的。

我不开时间很长的会议，也不参加没有明确议题的会议。会议中我不会做我不擅长的决策，比如我会告诉大家：我不知道，你们来决策就好了。

如果我心情不是特别好，我不会去做家务。因为我知道，我做家务的时候容易发火、生气，做家务是件蛮消耗我能量的事情。有一次我洗碗的时候，邓哥却在边上玩，我顿时好心疼自己，洗着洗着我就把碗丢到垃圾桶去了，他一脸蒙。洗碗都能发火，挺过分的对不对？但我就是这样的，如果一件事情在消耗我的能量，影响我做其他的事情，影响我整个人的愉悦指数，我就不会做。

所以，你也可以梳理出你的"不做事项清单"，不论难易和大小。

"妈妈不烦"有一个学员，是一名高校老师，我们可以叫她 G 老师。

G 老师出身于书香世家，父亲是大学教授，母亲是医学专家。父母对她的教育极为严格，留在她童年里记忆里最深刻的，就是四个字：屈己待人。

说起来她是一个比较幸运的人。她在一所高校当老师已有20 年，工作顺利，家庭幸福，一切看起来都那么让人艳羡。

可是不知道从什么时候起，她发现自己陷入了能量低谷，干什么都没有动力，很多事情只停留在了想的状态。一切看起来很完美，但她似乎离梦想又很遥远，生活并不是自己想要的样子。

后来，她来到"妈妈不烦"的课堂，听到我分享妈妈的能量管理法则，在直播中听到了"不做事项清单"后，她哭了很久。她说："我这辈子一直处于什么都要做、一直做的状态，可最后发现，我做完了所有事情，自己没有变好，家人也没有变好。"

擦干眼泪后，她告诉自己："从现在开始，我要做我生命的主人，我要自己决策自己每天做什么、不做什么。"于是她开始调整自己，给自己也列了一个"不做事项清单"。大概不到半年，她终于有勇气完结了一门自己讲了十几年的课程，并开发了一门全新的课程，最后还被某名校邀请给同行上百位老师分享自己的创新经验。终于，在历经不温不火的 20 年工作生涯之后，她迎来了事业的高光时刻。

当然，有的人会说"我没得选，那是别人安排的"。古人云："有所不为才能有所为。"一个人越来越成熟的标志就是，越来越有说"不"的权利，越来越有选择的能力。选择自己要做的事情，选择自己想过的生活，这就是变厉害的过程，就是让自己有更多选择权利的过程。

家庭能量管理秘诀三：请拒绝一个人承担全部的家务

在家庭关系当中有一点特别重要，就是请你拒绝一个人承担全部的家务。

听了这些，你可能觉得我是女权主义，男性听了会不开心。其实这个观点我和很多成功的男性也分享过，他们都很认同。

他们的观点是："我也希望我老婆是这么想的，我需要的是一个妻子，而不是保姆。""我希望能享受两人之间爱和尊重的关系，希望她把我当作生活伴侣，而不是取款机。"所以你看，当你不拿金钱来衡量另一半，而是拿你们在关系当中的感觉来衡量他，他会觉得幸福，你也会觉得幸福，你们的孩子也一定会是幸福的。

此时此刻，也许你正拖着疲惫不堪的身体堵在拥挤的回家路上，看着龟速前行的车辆心急如焚，想到还没完成的工作焦躁不安；也许正在匆匆忙忙地给家人做饭，照顾嗷嗷待哺的孩子，陷于各种家务中无法自拔。请你不妨给自己倒一杯水，坐下休息片刻，然后告诉家人："我现在有点儿累了，能麻烦你先照看一下孩子吗？""我今天比较累，晚饭你可以来做吗？"……

记住，"Happy wife, happy life（妻子快乐，生活才会幸福）"，妈妈的状态是一切的核心，因为妈妈手中握着整个家庭的能量棒。我们只有先照顾好自己，才能照顾好家人。

因此，尽量不要去做那些消耗自己能量的事情。很多家务，你应该跟男人来共担。勇敢地让老公成为你的生活合作伙伴吧！我们可以不要男人的钱，但是我们一定要男人跟我们一起来热爱生活。

有的妈妈会说："我是个家庭主妇，家务不是就应该我做吗？我怎么好意思让老公做呢？"尤其是如果老公收入很高、事业有成，就更不好意思找他帮忙了。

那么，看看奥巴马夫人米歇尔写的传记吧，奥巴马在家里不仅做家务，周末还会陪孩子，还要去学校参加家长会……这是他的生活。我们不应该因为自己擅长就剥夺老公生活的权利，你要把生活的权利还给他。我们应该喜欢的是男人给我们带来的那些无法用金钱衡量的价值，比如说爱和尊重。

当然在这个过程中，女性容易因为老公做不好家务而发生争吵，这时候一定要调整自己，先耐心地教对方，而不是一边指责他，一边自己承担一切。与家人相处，要引导而非胁迫。想要得到什么，就温柔且坚定地去得到它。当然，你也可以把一些相对简单的、不需要太多判断的家务分配给他。做的家务要尽量固定，不要每天换家务活给他做。你分配，他执行，这样他对固定的家务就有了责任感，你也可以少操心了。

还有，勇敢地让孩子做点力所能及的事情吧！你可能会觉得，孩子还小啊，能帮什么忙。可是，你若希望孩子总是脚踏实地，就要让他们负些责任。

对于孩子要做的事情，其实完全可以列出一个执行清单，让他知道自己每天都是有目标的，时间一长，他也就慢慢养成习惯了，完全不需要你操心。当你把一些事交给孩子全权负责之后，他们其实完全有能力把事情做好。所以，你完全可以从今天起，给孩子分配一些力所能及的小家务。并且，要充分地相信他们，少评论、少插手、多鼓励。要想让孩子勤快，你得先学会如何偷懒。

作为妈妈，我们最爱孩子，但我们要承认自己无法承担所有的职责。与其自己累死累活，不如学会管理，动员大家一起来做。爱打游戏的老公可以变成你的家庭小助手，不体贴你的婆婆可以变成你的工作后勤小助理。

如居里夫人所说："一家人能够互相密切合作，才是世界上唯一的真正幸福。"

本节小结

1. "Happy wife, happy life (妻子快乐，生活才会幸福)"，妈妈的状态是一切的核心，因为妈妈手中握着整个家庭的能量棒。我们只有先照顾好自己，才能照顾好家人。

2. 当一个人越来越成熟的时候，她就越来越有能力，越来越有选择的权利。

3. 我们可以不要男人的钱，但是我们一定要男人跟我们一起来热爱生活。

第二节　妈妈是家里的太阳

请你带着这些问题阅读：

1. 如何给自己家做个家庭能量补给清单？

2. 你有过怎样的与家人一起探索生命和未知的经历？

3. 如何沉浸式工作或者沉浸式休闲？

我家住在 32 楼，有一天电闪雷鸣，特别恐怖。

我突发奇想跟我女儿说："宝贝，快来，我们一起来欣赏闪电。"

她觉得妈妈这一反常的举动有些莫名其妙，但我说"快快快，我们把灯都关了"，她听到后变得很兴奋，冲过去关了灯。于是，我们就坐在阳台的小茶几旁，一起观赏外面的闪电。一道一道闪电在天空炸开，就跟看美国大片一样，特别震撼，也特别好看。我还兴奋地去洗了很多水果。朵拉说："妈妈，我们今天晚上一起来开闪电 party 吧！"那一瞬间我很感慨，跟孩子一起探索神奇的自然，与先生一起探知世界的真相，这一切对我来讲太幸福了。

其实，这只是一件很小的事情，但是接下来的几天里，我们一家人都对那个有趣的晚上津津乐道，这如同给我们的家庭注入了满满的能量一般。

蒙泰格尼说过："管理一个家庭的麻烦，并不少于治理一个国家。"我们在前面说过，追求财富的路上我们需要有个人能量补给清单，同样，家庭也需要能量补给，也需要能量补给清单。当我们的家充满了能量，家庭就不会成为我们追求财富路上的负担，而会成为我们的能量补给站。

给你们看一下我的家庭能量补给清单吧，这些都很私密，但我还是愿意分享出来，希望对你们有帮助。如果觉得不合适，你也可以列出适合你的家庭的能量补给清单。

1. 我的家庭能量补给清单

在我的家庭能量补给清单里，有以下这些内容：

只要有好的动画片上映了，我就一定会带女儿朵拉去看，无论多忙。

只要晚上回家时间早，就会和女儿一起泡个澡。

平时有空就会和女儿一起画个画、坐下来聊聊天、喝个茶。

每周一次有仪式感的晚餐。一家人出去吃顿大餐，或者自己给家人做一顿好吃的，或者即使是点外卖，也会给女儿配个甜品。当一家人坐在一起很隆重地吃一顿有仪式感的晚餐时，我会感觉一周的辛苦工作没有白费，生活还是很美好的。

每个月会有一个周末，带女儿去看爷爷奶奶和外公外婆。我们陪老人一起吃完饭，就把孩子交给老人，因为老人需要孙女，但并不需要我们。我和老公两人就出去玩，一起去逛街、购物、看电影。

每年我都会跟我先生和女儿一起长途旅行一次，一般都会超过 10 天。

女儿暑假的时候，我还会尽量选择在家办公一段时间，或者带她旅行办公。今年，我就带着朵拉在大理住了一个多月。早上我陪她一起穿过一片农田，一起走路 3 公里到洱海边，一起吃碗云南米线。白天，我在院子里办公，她学习和玩耍；晚上我陪她去大理古城走走,一个鲜花饼、一杯胖丁家的玫瑰酸奶,是她每晚散步的标配。

据我了解,很多家庭没有家庭能量补给的概念,全都忙于处理各种日常的事务。比如每天接送孩子上学、工作、回家做饭,第二天又是一轮循环,偶尔出去玩一下也是来去匆匆。于是,我们经常能看到这样的场景:妈妈一边做家务一边抱怨,爸爸想干点活又不知道干什么,孩子要么做什么都小心翼翼,要么就变成两耳不闻窗外事的"老油条",说啥都不听。这时候,整个家庭已经成为特别差的能量场,没有人会开心。

学会给自己的家庭整理能量补给清单,给家人和自己一些仪式感,当把这些仪式感变成一个个惯性动作时,一家人的能量就会变得越来越稳定了。当家庭成为所有家人的能量补给站时,每个人都将因此受益终生。

2. 关闭工作模式,沉浸式休闲,真正经营好家庭情感

有一本书对我的影响很深,叫《深度工作》。书里边有这么一个概念,我特别认同,叫作"沉浸式工作"。什么意思呢?

就是说，工作的时候完全投入，全力避免外界的打扰，直到你完成它。比如手机静音、倒扣，告诉同事或家人你要隔离一段时间。这样的状态下，不仅效率高，工作成果也会更丰硕。

受这个概念的启发，我认为在家庭中也需要"沉浸式休闲"。我见过很多人，总是把工作带回家，或者明明是休息日，却不得不加班干活，最后呢，工作效率不高，家庭也没照顾到。所以，我在家里就定了一个规则：在规定的时间里，必须关闭工作模式，进入沉浸式休闲。

我的做法是，每隔两周就选一天作为家庭休闲日，在这一天，我们一家人不工作不上课不洗衣不打扫，只搞娱乐活动，心安理得地当一天懒人。以前，女儿总抱怨我工作总是很忙，没有时间陪她，但是现在，她就会满怀期待地等我陪她玩。而且她也理解了，妈妈在工作的时候，就要认真工作，同样，在该玩耍的时候，也一定会好好陪她玩。

自从这个规则定下来之后，我们全家去了不少好玩的地方。逛各种博物馆、展览、去海滩游玩、听音乐会、看话剧等。渐渐地，全家都越来越期待我们的家庭休闲日了。

很多妈妈总觉得每天家里有很多事情，要打扫卫生、做饭、收拾东西……但其实对孩子而言，家里环境再干净，吃得再好，也不及爸爸妈妈和他共度一段快乐时光。

我不会做饭，朵拉总说："妈妈，你看看别人的妈妈会做很多好吃的，人家都说那是'妈妈的味道'，我家'妈妈的味道'是外卖的味道吗？"这时，我会大言不惭地回答："妈妈是不会做饭，但是妈妈会带着你去吃全世界的好吃的，而且那些可都是大厨们做的！"

我不会做手工，朵拉说："妈妈，你看别人家的妈妈，孩子要什么都能自己做出来。有的妈妈能做出彩虹色的冰淇淋，有的能做各种头发造型。妈，你会做什么？"这时，我又会大言不惭地回答："妈妈是不会做手工，可是你会呀，我们家有一个人会就很完美了！"

慢慢地，朵拉也就不再挑剔我了，我从来不觉得我是一个完美的妈妈，但我绝对是一个能让她快乐成长的妈妈，我想这已经足够好了，不是吗？

有一天我跟女儿一起画画，我在画上写了一句：终有一天，你会得到一切。这是我写给女儿的祝福。朵拉看了说她也要写一句，于是写下：终有一天，我们会逛完全世界。

愿正在读此文的你，不仅可以拥有家庭的圆满，也可以探知世界的全貌。

本节小结

1. 家庭成为所有家人的能量补给站时，每个人都将因为家人的爱受益终生。

2. 工作的时候完全投入，全力避免外界的打扰，直到你完成它。

第三节　女子得以自由，男子得以松绑，全家得以幸福

请你带着这些问题阅读：

1. 想想自己的事业，出发的理由是什么？

2. 作为妈妈，你如何从家人那里获得更多的理解和支持？

3. 你打算如何通过自己的事业来滋养自己？

男性出差，女性在家带孩子理所当然；可女性出差，老公在家带孩子，似乎就不被世俗所接受。

男性加班，理所当然可以晚回家；而女性加班，晚回家，则可能被家人指指点点。

这样的困扰总是出现在我身边的女性朋友身上，社会男主外女主内的态度让女性在赚钱这一条路上一不小心就会引发家庭矛盾。很多男性会理所当然地对女性说："我管赚钱就好了，你不要操心这些。"看似是对女性的保护，可时间长了，女性

就慢慢丧失了自己的生存能力，这种"圈养女性"的观念和方式是需要改变的。

现在的爱情更是基于两个独立个体之间的交流。女性的自我意识已经提升了，她们越来越多地走出了家庭，她们希望越来越多地探索这个世界，也希望参与这个世界的创造和改变，而不只是困于厨房那几平方米的空间。而男性却并没有完全理解和接受这个变化，他们依旧会要求女性体贴、顾家、温柔，他们认为这才是女性的第一要事。在这个过程中，双方对女性这个角色的定义很容易出现分歧。

1."她成功"到底意味着什么？

因为做"妈妈不烦"，我经常与很多妈妈打交道。我发现了一个现象：很多努力上进的女性考虑赚钱，并不是因为有一个伟大的梦想，或者想获得权力、地位，往往只是因为一个小小的生活变故，或者一份小小的心愿。

有的是为了基本生活需求：

深圳有位全职妈妈，老公生意失败，因负债入狱，家里资产全部被冻结了。她说，她的目标就是每天赚 100 元，因为这是她和 3 个孩子买菜吃饭的钱。

有的是为了关系：

上海有个学员，她在课堂上说她一定要赚钱买一套房，或者租一个房子。因为她不想再和婆婆住一起了，两代人的生活方式和育儿观念不同，磨合太难，她要带着孩子搬出去。

还有一位妈妈，因为老公家暴，她想离婚，可她那可恶的老公说，除非她给他 20 万元，否则孩子不能归她。于是她学了一门手艺，到处接活，想着赚够了钱就把孩子带走。

有的是为了健康：

有一个学员的老公，原来是一家大企业的金领，老公曾经是她的一片天。可是突然有一天，他中风了。原本在家做全职宝妈的她手忙脚乱，开始了一个人赚钱养家之路。她和老公说：以前你养我，现在我养你。原来，最美的情话不过如此。

有的是为了活得更有意义：

北京有位妈妈，她说她想赚钱是为了和老公一起做公益，帮助白血病孩子。仔细追问才知道，她老公的姐姐在十几岁的时候因为得了白血病去世了，这一直是她老公心里的遗憾。她想帮助他弥补人生遗憾。

还有位妈妈本来是个职场精英，年薪百万。因为生了两个孩子后，在家做了四五年的全职妈妈。她说，她想重新出发，因为不想孩子长大了看不起她。

有的是为了探索自我：

有一个同事，她从北方搬家到深圳，和我们一起创业。她在老家有两套房子，有车子，家人都在身边，关系也特别和谐。相比较之下，创业这条路风险特别大，可能所有的辛苦会一无所获。家人都不理解她，可是她说："我已经知道外面有一个机会，如果我不去试试，我怎么知道自己这辈子的天花板在哪里呢？创业成功与否不就是取决于我有没有潜力吗？"所以她从未怀疑过自己的选择。

这就是女性，她们追求财富不单单为了财富，而是为了孩子的教育、父母的健康、自己更好的生活品质、更多地探知自我等等。

"她成功"到底意味着什么？

"她成功"不是：

非要取得一些大成就，比如做一个大公司、身价过亿；

一夜暴富，快速达到财富自由；

劳心劳力，以至于身体崩溃；

完全牺牲与家人、孩子相处的时间。

"她成功"是：

做自己喜欢的事情；

让自己持续变得更好；

为了让孩子以后看到更好的世界；

为了全家人的健康出发；

希望能够慷慨地帮助身边的人。

到这里，我希望大家思考，你为了什么而来？你追求的是什么？

不管你是为了孩子的教育，还是为了父母老有所依，还是为了在家庭生活当中你更有话语权，为了你自己能够去看到更美丽的世界……不管是哪一个，你都需要给自己一个理由，因为这些足够美好、足够强大、足够有吸引力，能够让你在艰难的时候愈加坚定。

2.给自己一个出发的理由，分享给家人，让他们理解和支持自己追求事业

美国演员金·卡戴珊在访谈中说起过，她很小的时候，家里每天晚上都会有个固定节目，叫作"顶峰与深坑"。什么意思呢？就是说在晚餐的时候，每个人会轮流跟其他人分享自己这一天中最开心和最糟糕的时刻，把发生的事情、自己内心的感受，全部说出来。在她看来，这个固定节目是家庭生活中最有滋有味的部分。

这样的分享，希望你尝试一下，相信我，你一定会爱上它。因为其中的情绪和感受，把家人联系在了一起，共同分享快乐，分担痛苦，这样的感觉，才是家的感觉。

我的建议是：给自己一个出发的理由，并把这个理由分享给家人们，让他们共情，从而越来越支持你追求自己的事业。在这个过程中，你可以引用别人的故事，也可以讲自己的感受。总之，只要你告诉家人你的需求，一切就会简单很多。

刚开始创办"妈妈不烦"的时候，我特别地忙。朵拉有点不理解，她问："妈妈，你为什么要创业？你以前每天都

有很多时间陪我的，你现在这么忙，我不喜欢你创业。"

我告诉朵拉："宝贝，妈妈之所以这么努力，是因为妈妈希望有一天你活在没有男女歧视的世界里。"于是，我开始和朵拉分享我小时候家庭重男轻女的成长经历，她慢慢明白了妈妈努力工作，是为了她和她的女同学能够和男生一样，做想做的事情。

我也时常把作为女性的经历和感受与我先生分享，慢慢地，他越来越支持我。在别人眼里，我是一个有"野心"的女子，他们甚至会担心我会不会在家庭中过于强势。可是我先生却深知，我创业不是因为要强，而仅仅是因为我有一份朴素的心愿。他越理解我这份"野心"背后的爱，就越支持我的事业，甚至为了我辞去了年薪百万的工作，跑来给我做CTO（首席技术官）。他的老同事们不理解，他会笑着说："一个IT男最大的浪漫就是陪老婆创业。"

当你的家人理解你出发的理由时，尤其是当他们理解到一个事实：你今天的努力，不只是为了赚更多的钱，还在于你要有自我价值感，这时候，你会发现家人们都特别支持你。很多时候，追求自我价值这件事远远超过了事业的成就本身。意义大于成果，只要出发，无论事业大与小，我们都能从中得到滋养。所以，事业不分大小，只要你喜欢就是值得坚持的事情。

当女性有想做的事业时，如果家人能够支持她，她的能量会变得无比强大。同时，她在事业中所获得的快乐和能量又能回馈她的家庭。当家人看到这份循环之后，他们会更支持你。

3. 女强男弱的家庭如何构建家庭支持系统？

曾经听说某公司在女性员工升职为高管之后，都会做一次心理辅导，这是为了让她们可以更融入家庭，而不是因为自己的升职而嫌弃自己的先生。这绝对是一个非常巧妙的安排。很多女性的实力并不弱于自己的先生，当她们决心追求事业时，可能会获得高于男性的成果。这时候，女性可能会进入一个自我否认的阶段："为什么我当初会喜欢你？""你到底能给我什么？""你为什么没有那么上进和优秀？"

对于这类情况的发生，我想说，今天的爱情和婚姻是两个平等生命的交流，而不再是基于过去的男主外女主内的明确分工。既然我们女性选择不局限于家庭，我们就应该明白：女人可以选择事业，男人也可以选择回归家庭。他们可以抽出更多时间陪孩子，更平衡地发展自我，我们不能双标。

当男性不要求我们回归家庭时，我们也不要求男性一定要比我们更成功。当我们都松开社会传统角色对彼此的约束时，这份爱情才会变得简单，女子得以独立，男子得以松绑。

在我眼里，只要对方在努力成长，至于成长速度的快与慢并不重要。不同的阶段每个人都会有自己的节奏，我们可以给彼此更多的时间和空间，否则夫妻无形中会建立一种最残酷的竞争机制：如果你不成长，我就嫌弃你，甚至离开你。这样的爱会让人有压力，也会让自己筋疲力尽。

最后送你一句话：妈妈不烦，全家开心！妈妈是家庭中最大的核心，而"妈妈不烦"想做的事情就是通过造福一个妈妈，来造福一个家庭，从而造福一个社会。相信未来我们可以在"妈妈最懂妈妈，妈妈帮助妈妈"这张"网"下相遇。

愿每一个女性都可以肆无忌惮地往前跑，奔向远方，遇见更喜欢的自己。

本节小结

1. 给自己一个出发的理由，并把这个理由分享给家人们，让他们共情，从而越来越支持你追求自己的事业。

2. 女人追求财富往往不只是为了财富，而是因为其他目的。

3. 追求自我价值这件事远远超过了事业的成就本身。意义大于成果，只要出发，无论事业大与小，我们都能从中得到滋养。

参加读书笔记大赛，瓜分现金奖励

你出发的理由是什么呢？是为了基础的生活？为了关系？为了健康？还是为了探索自我、活得更有意义？请真诚地面对自己，找一个安静的角落，把你的理由写下来。同时，你还可以关注"王不烦来了"公众号（见 P020），参与读书笔记大赛投稿，一起瓜分10 万元现金奖励，先到先得哦！

第八章

主动构造"她时代"，让我们

彼此成就

第一节　为什么我们需要女性社区

请你带着这些问题阅读：

　　1. 你有过怎样的闺蜜陪伴和赋能的经历？

　　2. 在商业上，作为女性的我们可以向男性学习什么？

　　3. 你可以为你的闺蜜提供什么专业内容？

　　在法国，有一种名为"芭芭雅嘉"的老年公寓，专为退休女性建立，从而形成一种新型的养老模式——互助养老。

　　这种公寓的建造者叫泰蕾兹贾勒，她说她希望为 65 岁到 90 岁的女性打造一个自主、团结而整洁的地方，让她们居住在一起互助养老。因为她认为，男性丧偶或者离异之后，会比女性更容易找到新的伴侣。当一名女性超过一定年龄之后再寻找伴侣会更加困难。

　　泰蕾兹贾勒建造芭芭雅嘉公寓的初衷就是希望一位将她的

一生奉献给孩子和丈夫的女性，可以在生命的最后几年挣脱束缚，为自己而活。同时她希望借此改变社会对老年人的某些偏见。她还希望通过这个公寓向老年女性传播如下养老理念：

"年老不是一种疾病，而是经过岁月积淀的生命中美好的年龄段之一。"

"老了并不是只能在家里等待生命结束。"

"晚年也是人生美好的时光。"

一个社会问题的解决，一定不是仅仅依靠观念倡导，还需要依靠更多更好的商业模式落地。好的商业模式能兼顾公益，它可以敏捷地调度社会资源来解决社会问题。芭芭雅嘉老年公寓就是一个很好的解决退休女性养老问题的商业模式。

在这里，我想以"妈妈不烦"为例，聊聊女性社区对女性社会支持的价值。

"妈妈不烦"商学院定位为"帮助女性追求和实现自我价值的平台"。在这里，我们会重点教授女性如何提高商业运营能力，帮助她们更好地经营副业或者从 0 到 1 开始创业，很多女性因为我们变成了美食达人、新农人、主播、育儿专家、领读人、知识博主、创业者等。

我在设计帮助女性的商业模式时，充分考量了以下几个要素，同样分享给你们。

1. 女性互助"织网者"：创造女性同伴情感陪伴、能量补助的场域

我们在教授妈妈们商业模式时，秉承一个观点：时常陪伴，偶尔教育。我们会鼓励女性之间多交流，鼓励她们赞赏对方、鼓励对方和帮助对方。这个世界上有很多的女性需要力量，只要你站出来，她就会被你影响，你就已经在帮她了。在"妈妈不烦"，每天都有很多女性帮助女性的美妙故事发生。

有人及时伸出援手挽救了另一个生命。

我们有位学员差点被一个"渣男"夺去了生命。他谎称自己未婚，让女孩怀了身孕后，开始对她实施各种身体暴力。最后一次，他用胶带缠住了她，暴打过后丢下了遍体鳞伤的她。无助的她发了一条朋友圈后，决定自杀。

幸运的是，每一位在"妈妈不烦"学习的女性都被鼓励加深联系，她们拥有很多朋友圈好友。她班级里的学姐看到消息

后着急得马上报了警。终于，警察找到了这个女生，及时制止了她自杀的行为。闺蜜们知道后都去照顾她，帮她想办法。

有人帮助别人度过了生命中最艰难的时刻。

有一位学员查出患了乳腺癌，情绪一度失控，不断对家人抱怨，老公怎么劝都不听，另一个学员闺蜜劝解后她才释然。

那个闺蜜说："这个时候了，你还在生气，你还不控制自己，你还想病情加重吗？"一句话点醒了这位妈妈。是的，妈妈最懂妈妈，只有女人才懂女人心底最在意的是什么。后来，这位学员心平气和地走进了手术室，13个小时后，手术成功了。之后，她转身成了一个短视频博主，她说："我要用这段经历帮助更多的妈妈走出来。"

有人特别理解当妈妈的心情，异国他乡冒险帮助他人确认了孩子的安全。

有位妈妈的儿子在美国留学，疫情刚开始那会儿就和孩子失联了。她在社群里倾诉了自己有多担心后，一位在美国生活的华人妈妈冒着感染新冠病毒的风险，驱车前往另一个州，即那个孩子就读学校的所在州，找到了他，在物资匮乏的情况下还送了他两盒口罩。

而后，她拍下了孩子安然无恙的照片发到社群里，对这位妈妈说："你的孩子很安全，你放心。"

这位妈妈流下了眼泪，社群里的妈妈都流下了眼泪。

这些全部都是我亲眼见证发生过的真实故事。作为一个"织网者"，我的作用并不大，真正伟大的是女性与女性之间相互理解、相互陪伴所创造出来的巨大的能量。

"妈妈不烦"刚刚成立的时候，我们还很纠结：到底收不收男同学？因为当时确实有很多男性想要报名。但后来我们还是决定放弃男同学。因为我们意识到，在一个纯女性圈子里，妈妈们会感觉很安全，敢于表达观点，她们也会更专注地陪伴彼此。

有的时候，女性所需要的不一定是专业的支持，而仅仅是陪伴。陪伴所带来的爱、勇气、温暖，能量是非常强大的。

2. 女性专业社交圈：鼓励专业社交，发挥专业闺蜜的力量

女性很少向他人求助，因为她们总是怕给别人添麻烦，总

是不好意思打扰别人,这使得她们总是承受更多的协作工作,更容易倦怠。如果女性学会创建更高效的社交网络,按专业社交的方式一起打造一个用专业互助的空间,我相信她们工作、生活的难度会大幅下降。

我给大家讲一个"妈妈不烦"学员的故事——"丁姐和她的百合"。

丁姐是一位生活在兰州的50多岁的退休姐姐,她非常喜欢小动物,退休前就找了一个院子,一个人收养流浪猫和流浪狗,多达百只。可是退休后的工资要养这么多的动物,她的生活都有了困难,而她又不想放弃这群"毛孩子"。当她了解到"妈妈不烦"可以带领女性学习商业后,她背着一袋百合就踏上了拯救"毛孩子"的火车,来到了我们的课堂。我们尝了一块百合后都觉得特别好吃,于是大家都说:"这个产品不错啊,你应该卖百合来赚钱啊!"可没有任何卖货经历的丁姐犯了难,不会销售,不懂电商,不知道如何联系平台。一旁的小豆芽一撸袖子:"没关系,我来。"

小豆芽曾经操盘过一个助农项目,帮助农民卖苹果,"战绩"是不到3个月销售10万斤。课程结束后,小豆芽二话不说就跟着丁姐飞到兰州，一落地马上搞定了快递公司，给不懂电商的丁姐培训，跑到山上实地察看了百合的种植基地。一个仗剑走天涯的侠女，一个十几年救助流浪猫狗的奇女子，20天内完成了线上销售网络的搭建，百合的总销售额超 30 万元。3 个月时间，丁姐月入过万，不仅赚到了自己的生活费，养活了自己的小猫小狗们，而且还把她家周边几家农户的百合库存全部消化了。

这是两个女人的故事，也是两个妈妈的故事，是妈妈帮助妈妈的故事。

对于缺乏勇气、不敢求助的女性而言，我认为她们需要的不是专家，而是那个离她们半步之遥的专业闺蜜。当她们发现自己的闺蜜正好擅长某个方向时，她们敢于向闺蜜求助，这个闺蜜并不需要多么专业。闺蜜懂得她们的需求，也会耐心地面对她们的问题。

不只是她们，我也是"妈妈不烦"这个闺蜜圈子的受益者。

朵拉小时候身体比较弱，个子不高，这成了全家关注的一个难题。我希望朵拉可以加强营养，所以我就找了我们社群小伙伴图图帮忙，她是位注册营养师。

她特别认真地给朵拉写食谱,我们也严格执行。她还加了朵拉的微信,经常告诉她:"你一定要好好吃饭,好好吃饭对你很重要。"她还给朵拉写了一封信,信封上写着"这是来自魔法学校图图姐姐的一封信"。她还给朵拉买了助消化的很可爱的小饼干。

有了图图的帮忙,我就不那么担心女儿吃饭的问题了。时隔两个多月,朵拉长高了1.5厘米,我和我先生都高兴坏了。

在这里,还有很多具备专业知识的闺蜜:

有聚焦于情感的专家告诉妈妈们如何经营婚姻;也有擅长婚姻法的律师帮助大家解决婚姻纠纷问题;有心理咨询师及时地回应孩子成长过程中的难题;有大学教授告诉大家孩子应该如何选专业,甚至还有心理学专家告诉大家如何处理好婆媳之间的关系。

一个具备专业知识的闺蜜,胜过高高在上的专家千倍万倍。当每个人都拿出自己擅长的部分来进行社交,受益的不仅是每个人,更是每个人背后的家庭。

3. 女性商业布道者：传递商业信息，共同探索女性商业新模式

在这个平台里，我们尽力在做的一件事情就是：传递商业信息。也就是告诉大家有哪些在家赚钱的方法，哪些技能对赚钱有利，让女人们聚在一起别再只谈男人和感情。

过去，男人在一起谈论的话题是挣钱和事业，而女人在一起谈论的话题便是感情和男人。但今天的女性不一样了，她们渴望拥有经济独立能力，她们也希望能够讨论各种商机、经济趋势的变化。但是，这时候她们会发现，进入传统的以男性为主导的商业圈层，她们很难得到平等的对待。很多时候，男性一起抽个烟、喝个酒就打听到了很多消息，那女性怎么办呢？互助起来，我们可以共同探讨和传递商业讯息。

比如在"妈妈不烦"，有一位妈妈学会了直播后，利用直播一个月内轻松卖出了家里所有的猕猴桃，以往至少要努力卖3个月，还得一箱一箱往集市搬，费时又费力。之后，这个案例鼓舞了很多人。

一个从泰国归来的云南妈妈，在"王不烦来了"直播间听

说了前面这位妈妈卖猕猴桃的事情后，她也来学习直播技能，也开始在直播间卖家里的苹果。在前面闺蜜走出来的道路上，她1个月成功销售了4吨苹果。于是，她开始召唤远在异乡打工的同乡妈妈们回家，她说："如果在家你们就可以赚到钱，为什么不回家呢？娃们都想你们了。"后来，她在课堂上告诉我们，就因为这个事情，全村人看到了希望，都纷纷回家做起农业了。现在，她正走在带领农村妈妈创业的路上。

还有广东的一位妈妈，她家就在被称为"中国荔枝第一镇"的大唐荔乡根子镇。看到前面两位闺蜜直播卖水果效果这么好，她不仅学习了直播技能，同时把打造个人品牌、社群运营的技能也一起学了。她将朋友圈、社群、直播联动起来，38天的时间里，她直播63场，荔枝销售额超30万元。

像这样的案例还有很多。

学员晓萍家里有个茶园，滞销的茶叶有100斤。学习社群运营后，她转型线上，4天销售茶叶5000元。今年，她轻轻松松地卖掉了家里的茶叶。

酒业创业者海伦，以前是到处寻渠道，辛苦找资源。看到闺蜜们用社群、直播和朋友圈卖农产品，她就想，那为什么不可以卖酒呢？于是，她快速掌握社群的运营方法，借力私域运营 1 天就收入了 2 万元。

前面跟大家提过的瑜伽老师波波·琼，她转型线上瑜伽教学成功之后，带动了很多瑜伽老师转型线上。她说："瑜伽老师太苦了，当教练赚钱少，开馆也经常亏，现在能够这么轻资产在线上教学，太好了。"曾经我们问她："把这个模式教给很多人之后，你会担心影响你的收入吗？"她说："怕啥，都是女性，都不容易……"

还有一个开绘本馆的妈妈小艾老师，创业失败亏损了 150 多万元之后，开始学习商业。后来，她探索出了一套线上讲绘本的商业模式，做到了年入近百万元。之后，她开始把她的模式推广给很多同行，带动了很多人转型成功。

在"妈妈不烦"圈子里，她们经常谈论的是：

"你现在在学什么？直播？社群运营还是短视频？"

"变现情况怎么样？"

"我这里有个好的产品，需不需要赞助一下你的直播间？"

我相信不久的将来，这个社会一定会看到更多优秀的女性人物、更多优秀的女性企业家。未来,我还想写一本关于女性商业模式的书,希望到时候可以给更多女性力所能及的引导和支持,你觉得如何呢?如果想了解我的进展,欢迎关注我的视频号"王不烦来了"(见 P030)。

本节小结

1. 女性需要的不一定是专业的支持,而仅仅是陪伴。陪伴带来的爱、勇气、温暖,能量是非常强大的。

2. 在一个纯女性的圈子里,妈妈会感觉很安全,敢于表达观点,她们也会更专注地陪伴彼此。

3. 如果女性学会创建更高效的社交网络,她的工作、生活难度会大幅下降。

第二节 妈妈最懂妈妈，妈妈帮助妈妈

请你带着这些问题阅读：

1. 作为妈妈，你期待一个什么样的社群支持？

2. 如果有一个妈妈社群，你期待获得什么样的专业支持？

3. 你想为和你一样的普通女性提供什么样的帮助？

1. 与其被动等待，不如结伴前行

在农耕时代，田力为男，耕种、打猎都需要力气，女性只能在家带娃、做家务。

在工业时代，体力依然重要，体力更强的男性仍占主导地位。

而今天，很多体力劳动已经被机器替代，人类的工作越来越多地从体力劳动转为脑力劳动。在这个信息时代，一个女性完全有能力完成一个男性完成的工作，甚至在一些注重用户体验的工作中，女性有着明显的优势，因为女性拥有更出色的协同能力、沟通能力和同理心。我在视频号"王不烦来了"直播间曾经采访了多个领域中的精英男性，滴滴的产品专家、三节课的课程研发大佬、男性创业者们，他们无一不认可女性在这个时代能够大有作为。感谢这个伟大的时代，让越来越多的女性在这个社会里拥有了一席之地。

每一个女性都莫要辜负这个时代给予的好机会。

英国作家查尔斯·狄更斯在《双城记》中说："这是最好的时代，也是最坏的时代。"于女性而言，也是如此。一边是无比美好的大时代机会，一边是传统家庭角色分工。房贷、车贷、教育、养老，成了压在每个成年人身上的几座大山。而作为女性，在同样需要承担这些的情况下，还担负着生育的重任。她们在成为一位母亲后，无论是在身体上，还是在心理上，抑或是在社会中，所面临的困境远比男性多得多。这是毋庸置疑的事实。事业与家庭之间的冲突让很多女性喘不过气来。在我身边，无论年龄大小、学历高低、美或丑、身份地位高或低、先生有钱或没钱，如果你走近她们，会发现她们都有着不同程度的焦虑和不安。追求自我价值与幸福的这条路几乎每个女性都走得很艰难。我时常说，既然我们注定要负重前行，那不如微笑面对吧，当然能够像我一样大笑面对就更好了。

现今，国家立法维护女性与男性平等就业、同工同薪的权利，并对女性在孕产期、哺乳期的特殊利益予以保护，很多支持女性创业的基金、辅导项目也不断上线，各种保障女童就学的公益项目也层出不穷。但是，我始终认为，与其单纯依赖外部资源的支持，与其期待一个完美的社会环境，不如女性自强，自强则万强。与其向外探求，不如向内寻找，寻找女性群体内部的力量。

我认为，女性有着一种天然的互助力量，这种互助力量一旦被激发和放大，我们就可以创造出一个女性专属的、帮助每一个女性追求和实现自我价值的社会网络。每个女性不再是无助的孤岛，而是互助的燎原之火，温暖而光明。也许这个世界没有给我们一个最好的答案，但我们自己可以给自己这个答案。

曾经，"妈妈不烦"的一个小伙伴给我讲了她和她闺蜜之间的趣事。

她长得很美，特别喜欢花，也学习了很多插花的课程，做出来的作品也相当漂亮。于是,她的闺蜜鼓励她做直播教别人插花。

她听到要直播,连连摆手,她说:"我做不了做不了,直播的那些工具我也不会用啊,那个机位、灯光我也不会摆……"

闺蜜一听,说:"那行,我陪你一起做。"于是,到了周末闺蜜就来到她家。她们一起去买花,一起布置房间的一个角落,开通直播间。闺蜜还给她打扮得美美的,全程一直陪伴着她。

忙碌了一个上午之后,直播间终于开播了。这时候,出现了一个特别有意思的状况:她一个人在房间里对着镜头直播,直播间里只有一个观众,那就是在她家客厅拿着手机笑呵呵,还时不时要打赏的闺蜜。

就是因为这次陪伴,她开启了人生的第二事业—— 把自己喜欢的事情当饭吃。慢慢地,她的副业收入远超过主业。她成为一名插花主播,她也一发不可收地爱上了直播。

这是平凡生活里最普通最真实的一幕,却充满了力量。闺蜜间的相互陪伴、支持、帮助,不就是我们女性的特质和优势吗?在"妈妈不烦"社群,我们经常开玩笑说,这就是一种

"裹挟式成长"，不管你想不想成长，只要有闺蜜陪伴和督导，你都会成长。女人和女人之间可以越来越有温度，因为懂得彼此的为难，所以更愿意温柔以待。因为女性更懂女性，她们更容易察觉对方求助的焦急目光，她们可以更迅速地做出反应。一个女性的力量是弱小的，但无数个个体互联起来，变成支持每个个体的一张网络，聚集起来的力量是无穷的，多么棒啊！妈妈最懂妈妈，妈妈帮助妈妈。请爱自己，也爱这个世界上的同性。好吗？

愿此时读到这里的你，可以坚定地对自己说一句"我行"。无论你是常年在家带娃的全职妈妈，还是正在职场迷茫困顿的职场妈妈，或者是一位创业一直没有找到出路的创业妈妈，都愿你今生有力量绽放，也愿你选择伸出援手帮助身边另一个妈妈。

2. 我愿衔微木，将以填沧海

回顾我的一生，我是何其幸运！

儿时，虽然家境窘迫，但父母尽他们所能，给了我最好的教育，父亲时不时还会带着我去帮助身边条件更差的家庭，哪怕只是非常微小的帮助，比如帮着邻居农收、看孩子……因为父母的热心，儿时我家总能收到村里人送来的自家种的菜、自家做的小吃等。

长大后，因为想看看外面的世界，我成功地过了高考这座独木桥，甚至一路读到了博士，知识带我走进了我原以为无法触及的世界，让我有机会见识了这个世界的美妙。

工作后，我又总是比别人幸运一点点，遇到了好的老板、善良的同事，一路打拼，升职加薪的速度超过常人。

一路往前，我甚至一度忘记了普通人的烦恼，我以为所有人都可以靠奋斗改变命运。但是后来，在我辅导很多普通人后，我才发现一个事实：很多人就算拥有一身本事，也难以逃脱环境的束缚。

我开始跳出微观角度，如果个体难以改变他们的宿命，那么群体呢？有没有一种可能性，就是群体进化呢？宏观地看，人类这个物种不就是在不断的群体进化中走到今天的吗？于是，我无数次思考，一个并不强大的人群或者物种如何完成群体进化。直到我看到了一个关于蚂蚁的研究。

蚂蚁是一个特别有意思的物种，力量、速度都不如其他生物，曾经与恐龙为邻。而1亿多年后的今天，蚂蚁遍布全球，恐龙已经灭绝。可以说，蚂蚁是地球上一种古老、生命力顽强的生物。

如果你仔细观察它们，你会发现它们特别擅长一件事情，那就是快速集体行动。只要有一块糖果掉在地上，不久后你就会发现一群蚂蚁蜂拥而至。

我时常在想，蚂蚁这个物种究竟是如何迅速地达成集体行动的？原来，不止我一个人有这个困惑，美国斯坦福大学生物学家黛博拉·M.戈登等人研究了"蚂蚁的个人交流如何导致集体行动"，他们研究的对象是一种生活在新墨西哥州的沙漠中的红收获蚁。

据他们观察，在蚂蚁群里面，不同的蚂蚁会承担不同的职责，其中负责寻找和带回食物的蚂蚁被命名为"劫掠蚁"。这种劫掠蚁一离开蚂蚁群就开始四处寻找食物，找到食物后它们就会想办法把食物拖回蚁群。当然，食物的重量往往会比蚂蚁自身的体重重很多倍。那么，它们是如何进行任务分配的呢？是蚁王坐镇指挥？事实并非如此。原来，劫掠蚁会分多次往返于食物与蚁穴之间。而在蚁穴入口等待的蚂蚁只要遇到往返的搬运者,就会马上做出反应,跟着一起外出。就这样,加入搬运食物的蚂蚁越多,待命参加搬运的蚂蚁遇到搬运的蚂蚁就会越多,就会有更多的蚂蚁加入搬运活动中。而当食物变少时,蚂蚁返回的数量也会减少,待命者离开蚁穴参与搬运的蚂蚁数量也就会随之下降。没有中央控制系统,以群体协调群体,这简直太神奇了。

在研究中,他们还制造了一些混乱,比如在洞穴门口丢几根牙签、破坏它们的洞穴,以此来观察它们是如何应对意外情况的。很多人以为蚁王会出来指挥行动,但事实上它只负责产卵,一生仅交配的那一次飞出洞穴,从此与外面的世界再无联系。而在这种去中心化的模式下,所有的蚂蚁却能在复杂的环境中相互协作、自我调节,完成觅食、繁衍、修复洞穴的挑战,成为地球上特别强大的物种。

这个研究让我明白,一个物种活得好不好,并不取决于它本身的能力,而是取决于这个群体的协同能力,我且把这种能力命名为"蚂蚁的力量"。

对女性亦是如此。一个女性的力量是弱小的,但如果一群女性呢?一群人互助的力量呢?如果我们总能从同伴的经历中寻找到信心和力量，我们就有可能成为一群强大的人。

我创立"妈妈不烦"以来，收到过各种反馈：有人说我很伟大，做了一件她们一直想做却不敢做的事情；有人说我有大爱，心中能装下这么多普通妈妈；也有身边人反对我，作为一个"精英人士"，却与"妈事儿特别多"的群体为伍，有什么目的？当然，偶尔也会遇到几个不明真相的会骂上两句，觉得我可能是个骗子（毕竟这样的好人，他们从没见过，我决定原谅他们）。

其实，纵观人类的历史长河，想到全世界的女性，我深知我只是做了一点点自己力所能及的事情。我所织的这张"网"，每年能帮助和覆盖的女性非常有限。我也没有妈妈们描述的那么大爱、勇敢和坚强，我也会在面对阻力时偶尔焦虑和不安，我也会担心我无法完成此生的使命。但是，每每这个时候，我都会想起那个海边的小孩：

他一条一条地把被困于浅水洼中的小鱼扔回大海，一个路人质疑他："孩子，这水洼里的小鱼足有几千条，你救得过来吗？谁在乎呢？"

小男孩一边捡起一条扔进大海中，一边说："这条小鱼在乎，这条也在乎，这条也在乎，这条也在乎……"

同样，这一份妈妈的事业，是我愿意为之奋斗一生的事业。

我愿做海边那只小鸟，"衔微木，将以填沧海"。

愿有一天，你我可以在茫茫人海中相遇。

终有一日春潮起，终有一日山海平。

后　记

　　现在是 00：05，往常喧嚣的大理古城此刻也变得静悄悄，只有远处酒吧的霓虹灯还在闪烁。此时，我结束了这本书的写作。我曾想象过很多种截稿之后的心情，欢呼、兴奋、激动……可此时此刻，我心如止水。

　　轻轻地推开窗户，大理上空满天星辰，照得院子里仿佛飘着牛奶般白色的薄纱，淡淡的花香扑面而来，我惊喜地发现小院里的那棵石榴树居然结了果，小小的，鼓鼓的，还顶着花朵，那么饱满，那么生机勃勃……我突然想到，我努力多年创下的"妈妈不烦"，积累了那么多的知识和经验，在此刻终于凝成一本书，不也正像那颗小小的石榴果一样吗？

在这本书的最后，我想感谢很多人。感谢我的父母，如果没有你们，我此生无法拥有一路探索未来的勇气，父亲总说："你这样已经很好啦，大不了就回家歇着啦！"也许就是父母的理解和宽容，才让我一路无所顾虑地前行。感谢我的先生邓哥，一个不善言辞的理工男，却给了我一个最温暖的家，总是包容我的无理取闹，无论我辞职、投资、创业，还是住在大理，他总是笑笑说："好，就这么办！"你给我的自由是世间最好的爱。谢谢我的女儿朵拉，别人总说，妈妈是推动孩子成长的手，可我却说，朵拉才是唤醒我的人。因为她的到来，让我开启了对人生全新的探索，我在家庭与事业的平衡中成就了平和积极的自己；也因为朵拉，我才有机会创办"妈妈不烦"。谢谢你，我的宝贝！

谢谢在我成长路上的每个阶段给我重大启发的人：亦师亦友的黄云博士，我的博士生导师孙健敏教授，我的忘年交尹建维先生及朋友林少、石凡青等。谢谢我创业路上的小伙伴们：钟涛、米粒儿、小天、亚运、微阳、殷雯、景洋、波波等。我时常说，人生就是要和喜欢的人做伟大的事情，我们都做到了！

还有很多人的名字实在无法一一列举，先就此略过。只要能收到我这本书的人，你的名字本应都在这里的，实在写不下了，还请谅解，我爱你们。谢谢大家伴随我一路同行！

还有，特别感谢陪我创作的孝莉、师北宸，谢谢你们，如果没有你们的陪伴，这本书估计会"难产"。没想到有一天，我也会成为畅销书作家，哈哈。当然，在我动笔感谢你们的此时还没有……但不重要，因为有了你们，这本书一定会广受欢迎的！爱你们，愿未来我们可以携手创作更多女性商业类书籍。

王不烦

2022 年 12 月于大理